# Hypnose für Anfänger

## Experimente, Zusammenhänge
## und die Anwendung in der Magie

**Kontakt:** www.HarryEilenstein.de / Harry.Eilenstein@web.de

**Impressum:** Copyright: 2011 by Harry Eilenstein – Alle Rechte, insbesondere auch das der Übersetzung, vorbehalten. Kein Teil des Buches darf ohne schriftliche Genehmigung des Autors und des Verlages (nicht als Fotokopie, Mikrofilm, auf elektronischen Datenträgern oder im Internet) reproduziert, übersetzt, gespeichert oder verbreitet werden.

**Herstellung und Verlag:** BoD-Books on Demand, Norderstedt    **ISBN:** 9783750471191

# Inhaltsverzeichnis

51

# I  Was ist Hypnose?

## I 1.  die „klassische Hypnose"

Hypnose ist ein Zustand der Psyche und des Bewußtseins, der im Alltag in der Regel nicht vorkommt.

Bei der „klassischen Hypnose" übernimmt der Hypnotiseur die Funktion des Wachbewußtseins des Hypnotisierten, der dadurch in einen schlafähnlichen Zustand gerät. In diesem Zustand kann der Hypnotiseur mit dem Hypnotisierten sprechen – er hat allerdings nicht das Wachbewußtsein des Hypnotisierten als „Gesprächspartner", sondern nur das Unterbewußtsein des Hypnotisierten. Der Hypnotisierte befindet sich in einer Art Traumzustand – genauer gesagt in einem „Wach-Traum", da er zwar ohne Wachbewußtsein, aber ansprechbar ist.

## I 2.  Schlafredner und Schlafwandler

Die einzige Gelegenheit, bei der ein Mensch auf natürliche Weise in einen Hypnose-Zustand gerät, ist das Sprechen im Schlaf. Wenn man einen Menschen, der im Schlaf spricht, Fragen stellt, beantwortet dieser Mensch diese Fragen wahrheitsgemäß, da er nicht von seinem Wachbewußtsein, sondern von seinem Unterbewußtsein her antwortet.

Die erweiterte Version dieser „Schlaf-Gespräche" ist das Schlafwandeln, bei dem zu dem Sprechen im Schlaf noch das Bewegen im Schlaf hinzukommt. Manche Schlafwandler kann man auffordern, etwas Bestimmtes zu tun, was sie dann auch befolgen.

Diese beiden „natürlichen Hypnose-Zustände" entstehen dadurch, daß das Kleinhirn nicht in ausreichendem Maße die inneren Traumbilder von den motorischen Zentren im Gehirn trennt. Diese Trennung bewirkt normalerweise, daß man dann, wenn man vom Laufen träumt, nicht auch tatsächlich aufsteht und zu laufen beginnt.

## I 3.  Dominante Menschen

Es gibt Menschen, die jeden Raum, den sie betreten, sofort vollständig ausfüllen. Diese Menschen sind in der Regel eher dominant und haben oft einen Skorpion-Aszendenten oder den Pluto im ersten Haus ihres Horoskops. Wenn solch ein Mensch den Raum betritt, vergißt man, was man eigentlich wollte und überläßt sich weitgehend der Führung der Situation durch den anderen.

Dieses Phänomen ist der Hypnose eng verwandt – nur daß dabei die auf diese Weise „hypnotisierten" Menschen wach bleiben. Allerdings haben die Menschen in dieser „Wach-Hypnose" die Steuerung ihrer Handlungen weitgehend aus den Händen gegeben.

Oft haben diese dominanten Menschen auch eine manipulierende Sprechweise, d.h. sie zielen mit ihrem Sprechen nicht darauf ab, zusammen mit dem anderen etwas zu erkennen, sondern wollen mit ihren Worten ein bestimmtes Ziel erreichen, d.h. andere zu einem bestimmten Verhalten bewegen. Die meisten Politiker gehören zu dieser Sorte von dominanten Menschen – „Alpha-Männchen" und „Alpha-Weibchen".

## I 4.  Die Massenhypnose

Bei einer Massenhypnose nimmt ein solcher dominanter Mensch eine zentrale Stellung ein und richtet eine große Menge von Menschen, die ihm zuhören, ganz auf sich selber aus – sie sind auf den Redner fixiert, er schlägt sie in seinen Bann, er weitet sein Bewußtsein auf sie aus.

Solche Massenhypnosen finden sich vor allem bei politischen Großveranstaltungen in Diktaturen – sie dienen der Unterwerfung der Menschen. Oft werden diese Großveranstaltungen von der Architektur des Ortes, an dem die Rede gehalten wird, von der Beleuchtung, von Aufmärschen und Inszenierungen unterstützt. Das wichtigste Element ist natürlich der Wille, die Redekunst, die Mimik und die Gestik des Redners.

Diese „Gleichschaltung", wie diese Technik im „Dritten Reich" genannt worden ist, ist die Unterdrückung und Ersetzung des wachen und eigenständig entscheidenden Ichs der Zuhörer durch das dominante Ich des Diktators.

Auch erfolgreiche Talkmaster, Revolutionsführer, Feldherren u.ä. brauchen die Begabung, dominant die Stimmung einer Gruppe lenken zu können.

Hypnoseähnliche Zustände kommt im Alltag offenbar doch deutlich häufiger vor als man normalerweise annimmt …

# I 5.  Ein Modell des Bewußtseins

Es gibt im normalen Leben vier Formen des Bewußtseins:

- das Tiefschlaf-Bewusstsein, das wie eine weiße Leinwand ist, auf der Bilder erscheinen können, oder wie die Stille, in der ein Ton erklingen kann;

- das Traumbewußtsein (Unterbewußtsein), das alle Wahrnehmungen und Erinnerungen der betreffenden Psyche enthält;

- das Wachbewußtsein, das das eigene Verhalten im Alltag lenkt;

- und den Ekstase-Zustand, der sich vor allem in Angst und Lust zeigt.

Diese vier Formen des Bewußtseins wirken zusammen und haben eine effektive Arbeitsteilung:

- Der Tiefschlaf ist das unbeleuchtete Haus, das den Raum zur Verfügung stellt.

- Das Unterbewußtsein ist das Archiv in diesem Haus, in dem sich alle Informationen befinden und das nur ziemlich dämmrig erleuchtet ist.

- Das Wachbewußtsein ist ein Schreibtisch in einem Büro in diesem Haus, in dem es eine Deckenlampe gibt, die alle Dinge in diesem Raum sichtbar macht – dort befinden sich alle Informationen, also alle Bewußtseinsinhalte, die in der derzeitigen Situation benötigt werden.

- Der Ekstase-Zustand ist die helle Schreibtischlampe, die ab und zu angeknipst wird und die einen einzelnen Gegenstand, einen einzigen Bewußtseinsinhalt grell beleuchtet.

Zusätzlich zu diesen vier Bewußtseinsarten gibt es noch das kollektive Unterbewußtsein, das man in diesem Bild als die Stadt ansehen kann, in der das Haus steht. Die Häuser in dieser Stadt sind durch Telefonleitungen telepathisch miteinander verbunden – genaugenommen sind die Archive, also die Unterbewußtseine der Menschen telepathisch miteinander verbunden.

# II  Methoden des Hypnotisierens

Die Hypnose wird durch den Willen, durch Worte, durch Gesten, durch das Lenken der Lebenskraft und durch Telepathie bewirkt.

## II 1.  Die Haltung des Hypnotiseurs

Die Hypnose erfordert vom Hypnotiseur nicht nur, daß er ein paar geheimnisvolle Worte spricht, einen stechenden Blick hat und einige geheimnisvolle Gesten macht …

Das Wichtigste ist die Entschlossenheit des Hypnotiseurs, sein Gegenüber zu hypnotisieren, d.h. die „Regie über den anderen zu übernehmen". Der Hypnotiseur geht also ganz bewußt in eine Haltung der Dominanz gegenüber dem Menschen, den er hypnotisieren will. Dies ist nicht nur eine leichte Überlegenheit, sondern eine (vorübergehende) absolute Herrschaft über den anderen – eben vollkommene Dominanz. Ein Hypnotiseur sollte daher einen starken Willen haben.

Ohne diese dominante Haltung geht in der Hypnose gar nichts …

## II 2.  Hypnose durch Worte

Die „klassische Hypnose-Formel" ist recht einfach aufgebaut: Man geht die einzelnen Körperteile von unten nach oben durch und sagt nacheinander, daß sie entspannt, schwer, warm und müde sind.

Der folgende Text ist die ausführliche Variante, die man benutzen kann, wenn man für die Hypnose fast nur Worte benutzen will. Dieser Text kann je nach den Erfordernissen auch verändert und gekürzt werden. Wie bei fast allen Dingen ist auch hier ein wenig Experimentieren ausgesprochen förderlich – so kann man den eigenen Stil herausfinden, in diesem Falle also die Art und Weise, auf die einem selber das Hypnotisieren am leichtesten fällt.

*„Dein rechter Fuß ist ganz entspannt,*
*Deine rechte Wade ist ganz entspannt,*
*Dein rechtes Knie ist ganz entspannt,*
*Dein rechter Oberschenkel ist ganz entspannt;*

*Dein linker Fuß ist ganz entspannt,*
*Deine linke Wade ist ganz entspannt,*
*Dein linkes Knie ist ganz entspannt,*
*Dein linker Oberschenkel ist ganz entspannt;*

*Dein Gesäß ist ganz entspannt,*
*Dein Unterleib ist ganz entspannt,*
*Dein Bauch ist ganz entspannt,*
*Deine Brust ist ganz entspannt,*
*Dein unterer Rücken ist ganz entspannt,*
*Dein oberer Rücken ist ganz entspannt,*
*Deine Schultern sind ganz entspannt;*

*Deine rechte Hand ist ganz entspannt,*
*Dein rechter Unterarm ist ganz entspannt,*
*Dein rechter Ellenbogen ist ganz entspannt,*
*Dein rechter Oberarm ist ganz entspannt;*

*Deine linke Hand ist ganz entspannt,*
*Dein linker Unterarm ist ganz entspannt,*
*Dein linker Ellenbogen ist ganz entspannt,*
*Dein linker Oberarm ist ganz entspannt;*

*Dein Nacken ist ganz entspannt,*
*Deine Kehle ist ganz entspannt,*
*Dein Hals ist ganz entspannt,*
*Dein Hinterkopf ist ganz entspannt,*
*Dein oberer Kopf ist ganz entspannt,*
*Deine Ohren sind ganz entspannt,*
*Dein Unterkiefer ist ganz entspannt,*
*Dein Oberkiefer ist ganz entspannt,*
*Deine Wangen sind ganz entspannt,*
*Deine Nase ist ganz entspannt,*
*Deine Stirn ist ganz entspannt,*
*Deine Augen sind ganz entspannt.*

*Dein rechter Fuß ist ganz warm,*
*Deine rechte Wade ist ganz warm,*
*Dein rechtes Knie ist ganz warm,*
*Dein rechter Oberschenkel ist ganz warm;*

*Dein linker Fuß ist ganz warm,*
*Deine linke Wade ist ganz warm,*
*Dein linkes Knie ist ganz warm,*
*Dein linker Oberschenkel ist ganz warm;*

*Dein Gesäß ist ganz warm,*
*Dein Unterleib ist ganz warm,*
*Dein Bauch ist ganz warm,*
*Deine Brust ist ganz warm,*
*Dein unterer Rücken ist ganz warm,*
*Dein oberer Rücken ist ganz warm,*
*Deine Schultern sind ganz warm;*

*Deine rechte Hand ist ganz warm,*
*Dein rechter Unterarm ist ganz warm,*
*Dein rechter Ellenbogen ist ganz warm,*
*Dein rechter Oberarm ist ganz warm;*

*Deine linke Hand ist ganz warm,*
*Dein linker Unterarm ist ganz warm,*
*Dein linker Ellenbogen ist ganz warm,*
*Dein linker Oberarm ist ganz warm;*

*Dein Nacken ist ganz warm,*
*Deine Kehle ist ganz warm,*
*Dein Hals ist ganz warm,*
*Dein Hinterkopf ist ganz warm,*
*Dein oberer Kopf ist ganz warm,*
*Deine Ohren sind ganz warm,*
*Dein Unterkiefer ist ganz warm,*
*Dein Oberkiefer ist ganz warm,*
*Deine Wangen sind ganz warm,*
*Deine Nase ist ganz warm,*
*Deine Stirn ist ganz warm,*
*Deine Augen sind ganz warm.*

*Dein rechter Fuß ist ganz schwer,*
*Deine rechte Wade ist ganz schwer,*
*Dein rechtes Knie ist ganz schwer,*
*Dein rechter Oberschenkel ist ganz schwer;*

*Dein linker Fuß ist ganz schwer,*
*Deine linke Wade ist ganz schwer,*
*Dein linkes Knie ist ganz schwer,*
*Dein linker Oberschenkel ist ganz schwer;*

*Dein Gesäß ist ganz schwer,*
*Dein Unterleib ist ganz schwer,*
*Dein Bauch ist ganz schwer,*
*Deine Brust ist ganz schwer,*
*Dein unterer Rücken ist ganz schwer,*
*Dein oberer Rücken ist ganz schwer,*
*Deine Schultern sind ganz schwer;*

*Deine rechte Hand ist ganz schwer,*
*Dein rechter Unterarm ist ganz schwer,*
*Dein rechter Ellenbogen ist ganz schwer,*
*Dein rechter Oberarm ist ganz schwer;*

*Deine linke Hand ist ganz schwer,*
*Dein linker Unterarm ist ganz schwer,*
*Dein linker Ellenbogen ist ganz schwer,*
*Dein linker Oberarm ist ganz schwer;*

*Dein Nacken ist ganz schwer,*
*Deine Kehle ist ganz schwer,*
*Dein Hals ist ganz schwer,*
*Dein Hinterkopf ist ganz schwer,*
*Dein oberer Kopf ist ganz schwer,*
*Deine Ohren sind ganz schwer,*
*Dein Unterkiefer ist ganz schwer,*
*Dein Oberkiefer ist ganz schwer,*
*Deine Wangen sind ganz schwer,*
*Deine Nase ist ganz schwer,*
*Deine Stirn ist ganz schwer,*
*Deine Augen sind ganz schwer.*

*Dein rechter Fuß ist ganz müde,*
*Deine rechte Wade ist ganz müde,*
*Dein rechtes Knie ist ganz müde,*
*Dein rechter Oberschenkel ist ganz müde;*

*Dein linker Fuß ist ganz müde,*
*Deine linke Wade ist ganz müde,*
*Dein linkes Knie ist ganz müde,*
*Dein linker Oberschenkel ist ganz müde;*

*Dein Gesäß ist ganz müde,*
*Dein Unterleib ist ganz müde,*
*Dein Bauch ist ganz müde,*
*Deine Brust ist ganz müde,*
*Dein unterer Rücken ist ganz müde,*
*Dein oberer Rücken ist ganz müde,*
*Deine Schultern sind ganz müde;*

*Deine rechte Hand ist ganz müde,*
*Dein rechter Unterarm ist ganz müde,*
*Dein rechter Ellenbogen ist ganz müde,*
*Dein rechter Oberarm ist ganz müde;*

*Deine linke Hand ist ganz müde,*
*Dein linker Unterarm ist ganz müde,*
*Dein linker Ellenbogen ist ganz müde,*
*Dein linker Oberarm ist ganz müde;*

*Dein Nacken ist ganz müde,*
*Deine Kehle ist ganz müde,*
*Dein Hals ist ganz müde,*
*Dein Hinterkopf ist ganz müde,*
*Dein oberer Kopf ist ganz müde,*
*Deine Ohren sind ganz müde,*
*Dein Unterkiefer ist ganz müde,*
*Dein Oberkiefer ist ganz müde,*
*Deine Wangen sind ganz müde,*
*Deine Nase ist ganz müde,*
*Deine Stirn ist ganz müde,*
*Deine Augen sind ganz müde.*

*Du bist müde, ganz müde,*
*Du schläfst, Du schläfst tief und fest,*
*Du schläfst, Du schläfst tief und fest,*
*Du schläfst, Du schläfst tief und fest,*
*Du hörst meine Worte,*
*Du schläfst, Du schläfst tief und fest,*
*Du schläfst, Du schläfst tief und fest,*
*Du schläfst, Du schläfst tief und fest,*
*Du hörst meine Worte,*
*Du antwortest mir, wenn ich Dich etwas frage,*
*Du schläfst, Du schläfst tief und fest ... "*

Man kann beim Hypnotisieren mit der eigenen Stimme experimentieren. Eine etwas tiefere, ruhige und „einschläfernde" Stimme, die kaum Schwankungen in der Tonhöhe und in der Betonung hat, sondern eher monoton ist, ist ausgesprochen förderlich. Die Stimme sollte jedoch nicht gleichgültig oder hart sein, sondern eher sanft und beruhigend und vertrauenerweckend – schließlich soll der andere einschlafen ...

Die Stimmlage, die für einen selber am besten funktioniert, wird man durch einige Übung herausfinden.

Die vier Hypnose-Stufen „entspannt, schwer, warm, müde" ergeben sich aus dem Aufbau des Menschen. Sie finden sich auch bei drei anderen Veränderungen im Bewußtsein wieder: bei der Entspannung, bei der Erweckung der Kundalini und beim Erlernen der Astralreise.

Der folgende Vergleich dieser vier Vorgänge macht etwas deutlicher, was bei der Hypnose eigentlich geschieht:

- Bei der Hypnose schaltet der Hypnotiseur das Wachbewußtsein des Hypnotisierten aus – was bedeutet, daß der Hypnotisierte in den Traumzustand übergeht.

- Bei der Entspannung werden die Muskeln gelockert und das Wachbewußtsein wendet sich allmählich vom Körper ab – es wendet sich von außen nach innen.

- Bei der Erweckung der Kundalini entsteht zunächst eine Entspannung – je nach der verwendeten Methode durch die Meditation, durch die Imagination, die Mantren oder die Buchstabenübungen. Darauf folgt dann ein Ankommen, eine gewisse Schwere im Körper. Schließlich wird das Wurzelchakra oder das Sonnengeflecht warm (das Chakra hängt von der verwendeten Methode ab).

Wenn man bei der Wärme-Empfindung bleibt, wird das betreffende Chakra schließlich immer heißer bis schließlich die Kundalini von diesem Chakra aus aufsteigt.

- Bei vielen Methoden zum Erlernen der Astralreise entspannt man zunächst den Körper; dann wird er schwer und man spürt ihn immer weniger; als nächstes wird man von einer angenehmen Wärme erfüllt; daraufhin beginnt der Körper mit ca. 6Hz auf eine angenehme Weise zu vibrieren; schließlich scheinen die Glieder zu zucken, obwohl man still daliegt, und der ganze Körper scheint wie bei hohem Seegang zu schaukeln; am Ende löst sich dann der Astralkörper von dem physischen Leib und schwebt über ihm.

(Die Begriffe „Astralkörper" und „Lebenskraftkörper" bezeichnen in diesem Buch beide dasselbe – sie werden traditionell in verschiedenen Zusammenhängen benutzt. So spricht man z.B. von „Astralreise" und nicht von „Lebenskraftkörperreise", andererseits jedoch von „Lebenskraft" und nicht von „Astralsubstanz".)

Das, was die vier Worte „entspannt, schwer, warm, müde" beschreiben, ist die Verschiebung des Fokus des Bewußtseins von dem physischen Leib auf den Astralkörper, also auf die Lebenskraft.

Die Müdigkeit taucht in dieser Liste auf, weil man im Schlaf das Wachbewußtsein auflöst. Im Schlaf zieht sich das Bewußtsein in den Lebenskraftkörper (Astralkörper) zurück und tritt mit ihm ein stückweit aus dem physischen Leib heraus. Diese allnächtliche, aber meistens unbewußte Astralreise kann man als Flugtraum erleben.

Wenn das Wachbewußtsein bei der Verschiebung der Wahrnehmung von außen nach innen intakt bleibt und sich nicht auflöst, wenn man also nach der Entspannung, der Schwere und der Wärme nicht einschläft, beginnt man den Lebenskraftkörper noch deutlicher wahrzunehmen: ein Vibrieren mit 6Hz.

Da man beim Hypnotisieren jedoch das Wachbewußtsein des anderen ausschalten will, benutzt man als viertes „Zauberwort" das Adjektiv „müde" und nicht das Verb „vibrieren", das den Betreffenden wachhalten würde.

Bei der Erweckung der Kundalini wird man sich ebenfalls zunächst einmal der Lebenskraft im eigenen Körper schrittweise immer bewußter – schließlich ist die Kundalini ein Teil des Lebenskraft-Keislaufs im Lebenskraftkörper. Die drei Phasen „entspannt, schwer, warm" treten auch beim Erlernen der Astralreise auf.

Während man sich bei der Astralreise jedoch nach dem „warm" auf den Astralkörper als Ganzes konzentriert, da man ihn von dem physischen Leib ablösen will, richtet man die Aufmerksamkeit beim Erwecken der Kundalini auf das Innere des Lebenskraftkörpers. Während man bei dem Erlernen der Astralreise von „warm" zu „vibrieren" weitergeht, steigert man beim Erwecken der Kundalini das „warm" zu einem „heiß".

Wenn man diese Zusammenhänge bewußt hat, kann man beim Hypnotisieren auch selber improvisierte Worte, die zu der augenblicklichen Situation passen, wählen.

Diese Vorgänge und ihre Verwandtschaft miteinander werden vermutlich mithilfe eines Diagramms leichter erfaßbar:

| Hypnose und verwandte Vorgänge | | | |
|:---:|:---:|:---:|:---:|
| **Hypnose** | **Astralreise** | **Erweckung der Kundalini** | |
| ↑ müde | ↑ vibrieren | ↑ heiß | ↑ |
| ↑ | ↑ | ↑ | Annäherung an das Unterbewußtsein (Traumzustand) = schrittweise Bewußtwerdung des Astralkörpers |
| ↑ warm | | | |
| ↑ schwer | | | |
| ↑ entspannt | | | ↑ |
| *Wachzustand* | | | |

## II 3.   Hypnose durch Gesten

Die „klassische Geste" bei der Hypnose ist das Pendel. Dies kann irgendein glänzender oder funkelnder Gegenstand an einer Schnur sein – etwas Schlichtes aus Metall, Glas, Kristall oder ähnliches. Das, was unten an dieser Schnur hängt, sollte den zu Hypnotisierenden jedoch nicht ablenken oder verirren. Es kann zur Not auch ein Löffel oder ein Schlüssel an einer Schnur sein – aber nicht unbedingt etwas, das den anderen zu sehr beschäftigen würde wie z.B. eine Statuette oder irgendetwas Unangenehmes. Etwas relativ Neutrales, das durch Lichteffekte die Aufmerksamkeit auf sich zieht, ist am geeignetsten.

Das Pendel hält man in einer Entfernung von ca. 30-40cm vor den Kopf des Menschen, der hypnotisiert werden soll. Das, was unten am Pendel hängt, sollte dabei auf Augenhöhe dieses Menschen sein. Die Schnur sollte eine Länge von ca. 30cm haben, da sich daraus eine angenehme Pendel-Geschwindigkeit ergibt.

Derjenige, der hypnotisiert werden soll, blickt auf das schwingende Pendel. Dabei kann der Hypnotisieur passende Worte sprechen oder sich schweigend darauf konzentrieren, daß sein Gegenüber nur noch das Pendel sieht und daß ihn diese gleichmäßige Bewegung allmählich einschläfert.

Die Worte, die man dabei benutzen kann, sollten ein allmähliches Einschlafen suggerieren. Das folgende ist nur eine Möglichkeit, die man auch variieren kann:

*„Du siehst das Pendel ...*
*Du folgst mit Deinen Augen dem Pendel ...*
*hin und her ...*
*hin und her ...*
*Du siehst nur das Pendel ...*
*Du bist ganz entspannt ...*
*ganz entspannt ...*
*Du wirst schwer ...*
*Deine Augenlider werden schwer ...*
*Deine Augenlider fallen zu ...*
*Deine Augenlider sind ganz schwer ...*
*Du bist müde ...*
*ganz müde ...*
*Du schläfst ...*
*Du schläft tief und fest ...*
*tief und fest ... "*

Die einzelnen Phasen sollten natürlich mit dem Gegenüber übereinstimmen – so fährt man z.B. mit der Suggestion „Deine Augenlieder werden schwer, Deine Augenlider fallen zu" so lange fort, wie der zu Hypnotisierende seine Augen noch nicht geschlossen hat.

Das Wort „tief" gehört auch zu den „Hypnose-Zauberworten". Es scheint mit dem Schlaf assoziiert zu werden – man sagt ja auch „Tiefschlaf". Dieses „tief" scheint das Loslösen des Astralkörpers von dem physischen Leib zu suggerieren – möglicherweise ein „nach unten Hinaussinken".

## II 4.   Hypnose durch Lebenskraft

Anton Mesmer, der um ca. 1780 damit begonnen hat, hypnotischen Zustände zu Heilungszwecken zu benutzen, hat durch seine Experimente herausgefunden, daß man einen Menschen auch durch die direkte Einwirkung auf seine Lebenskraft hypnotisieren kann.

Die Mesmer-Hypnose durch die Beeinflussung der Lebenskraft wird in älteren Büchern auch „animalischer Magnetismus" genannt, weil Mesmer annahm, daß die Lebenskraft eine biologische Variante des Magnetismus sei.

Die heute für die Mesmer-Hypnose übliche Methode ist ein Streichen mit der Hand eine Handbreit oberhalb des physischen Leibes – also Bewegungen innerhalb des Lebenskraftkörpers, der knapp eine Armlänge über den physischen Leib hinausragt.

Dabei kann man die Lebenskraft der Hypnotisierten als eine Wärme, ein leichtes elektrisches Prickeln oder einen leichten Druck wahrnehmen. Diese Wahrnehmung des Lebenskraftkörpers des anderen ist deutlicher spürbar, wenn sich der andere in einem „angeregten Zustand" befindet – z.B. durch heftige Gefühle, Sport oder Tanz. Dann kann man die „Aura" des anderen mit dem ganzen eigenen Körper spüren, wenn man ihm mindestens ca. 40-50cm nah kommt.

Um jemanden nach Mesmer-Weise in Hypnose zu versetzen, streicht man mit beiden Händen ca. 10cm über dem Körper entlang „durch die Luft", d.h. durch den Lebenskraftkörper des Menschen, der vor einem liegt – man berührt den Körper des anderen also nicht. Dieses Streichen läuft wie folgt ab:

- Man streicht mit beiden Händen vom Kopf des Liegenden aus über dessen Hals, die Brust, den Bauch und dann weiter über die Beine bis zu den Füßen.

- Dann schüttelt man die Hände oberhalb des Kopfes aus – so als ob man Wassertropfen loswerden wollte.

- Als nächstes streicht man mit beiden Händen vom Kopf des Liegenden aus über dessen Hals und dann weiter dessen Arme entlang bis zu seinen Händen.

- Dann schüttelt man wieder die Hände oberhalb des Kopfes aus – so als ob man Wassertropfen loswerden wollte.

Diese vier Bewegungen werden eine Weile wiederholt. Der erste Effekt ist hier in der Regel, daß derjenige, der auf diese Weise hypnotisiert worden ist, sich nicht mehr bewegen und anfangs oft auch nur mit Mühe reden kann. Durch die Mesmer-Methode erreicht man den Entspannungs- und Schwere-Zustand, der dabei oft tiefergehend ist als bei der Worte- und Pendel-Methode.

Manchmal tritt jedoch auch bei der Mesmer-Methode ein „normaler Hypnose-zustand" ein.

Diese Bewegungen durch den Lebenskraftkörper schläfern vermutlich deshalb ein, weil sie die Lebenskraft entgegen der Richtung schieben, in der sie normalerweise fließt – so wie dies z.B. in der chinesischen Medizin in Bezug auf die Akupunktur-

Meridiane beschrieben wird.

## II 5.   Hypnose durch Telepathie

Schließlich gibt es noch die Fernhypnose, die per Telepathie ausgeübt wird. Dabei übernimmt der Hypnotiseur die Kontrolle über den Hypnotisierten, obwohl dieser physisch gar nicht anwesend ist.

Wie der Hypnotiseur das umsetzt und welche Hilfsmittel er dabei benutzt, hängt zum einen von dem Weltbild des Hypnotiseurs ab und zum anderen auch von dem Grund für diese Fernhypnose.

Wenn der Hypnotiseur schon einmal eine Dämonen-Beschwörung („Evokation") durchgeführt hat, kann er die Fernhypnose wie eine solche Beschwörung durchführen. Die übliche Methode wäre dann das Errichten eines Schutzkreises z.B. mithilfe des kleinen Pentagramm-Rituals, vor dem sich dann ein Dreieck befindet, in das der Mensch, der hypnotisiert werden soll, hineingerufen wird. Dieses Vorgehen führt recht sicher dazu, daß der Gerufene „wegtritt", d.h. daß sein Wachbewußtsein unterbrochen wird – ähnlich wie bei einem „Filmriß" nach zuviel Alkohol.

Man kann auch ein anderes Arrangement für die Fernhypnose wählen, wenn einem Beschwörungen nicht geläufig sind. Man kann sich z.B. auf den Teppich hinsetzen und sich vorstellen, daß man den anderen herbeiruft und er sich vor einen auf den Teppich setzt oder legt. Auch bei dieser Methode sollte man sehr bestimmt sprechen und dem anderen befehlen, daß er jetzt sofort hierher kommt.

Wenn der Hypnotiseur das Ziel hat, daß der Hypnotisierte etwas Bestimmtes tut, ist der zentrale Teil der Fernhypnose die lebhafte Imagination der betreffenden Handlung – nachdem der Hypnotiseur innerlich, d.h. telepathisch den Kontakt mit dem Menschen, der hypnotisiert werden soll, aufgenommen hat.

Die Fernhypnose enthält ein offensichtliches Risiko: Wenn sie gelingt und der Betreffende wirklich in Hypnose fällt, ist er nicht mehr voll zurechnungsfähig – was katastrophale Wirkungen haben kann, wenn der Betreffende z.B. gerade mit seinem Auto auf der Autobahn unterwegs ist. Man sollte Fernhypnose-Experimente daher sehr sorgfältig planen und sicherstellen, daß der derjenige, der hypnotisiert werden soll, daheim ist und auch nicht gerade mit der Kreissäge o.ä. arbeitet.

Generell kann man die nicht mit dem Hypnotisierten abgesprochene Fernhypnose zur „dunkelgrauen bis schwarzen Magie" rechnen, da bei ihr massiv in den Willen eines anderen eingegriffen wird und der Hypnotisierte möglicherweise in Gefahr gerät, weil er aufgrund seines Hypnose-Zustandes nicht mehr mit seinem Wachbewußtsein seine Situation wahrnehmen und sich auf sinnvolle Weise verhalten kann.

Als ich einst solche Versuche mit meinem „Zauberlehrer" Axel durchgeführt habe, hat Axel sich an dem verabredeten Abend gedacht, daß das doch alles nichts werden kann und ist in die nächste Kneipe gegangen, um einen zu trinken.

Die anderen Gäste in der Kneipe haben ihm dann am nächsten Tag erzählt, daß er plötzlich, obwohl er für seine Verhältnisse noch fast nüchtern gewesen ist, sein Glas auf einen imaginären Tisch gestellt hat und aus der Kneipe gegangen ist. Offenbar hat er es geschafft, heil durch den Verkehr nach Hause zu kommen und sich in sein Bett zu legen, in dem er dann am nächsten Morgen voll bekleidet erwacht ist.

Axel ist also in einer Form der Hypnose gewesen, in der er zwar keinerlei Erinnerungsvermögen mehr gehabt hat, aber offenbar solche Routine-Verhaltensweisen wie das Beachten der Verkehrsregeln noch zur Verfügung gehabt hat.

Das Ausmaß, in dem ein Hypnotisierter während seiner Hypnose noch über seine normalen Alltagsfähigkeiten verfügen kann, schwankt von Person zu Person.

# III  Anwendungsmöglichkeiten

Es ist natürlich auch die Frage, warum man eigentlich jemanden hypnotisieren will – außer eben zur Erforschung des Hypnotisierens …

## III 1.  Erforschung der Psyche

Die naheliegendste Anwendung der Hypnose ist die Erforschung der Psyche, da der Hypnotiseur während der Hypnose einen direkten Kontakt zu dem Unterbewußtsein des Hypnotisierten hat.

Bei dieser Forschung mithilfe der Hypnose kann man zwei Aspekte unterscheiden:

Zum einen können durch die Hypnose vergessene Erinnerungen und verdrängte Erlebnisse des Hypnotisierten u.ä. wieder bewußt gemacht werden. In der Regel weiß der Hypnotisierte nach seinem Erwachen aus der Hypnose jedoch nichts von dem, was er dem Hypnotiseur erzählt hat. Um die durch die Hypnose erlangten Informationen nutzen zu können, müssen sie dem Betreffenden von dem Hypnotiseur erzählt werden.

Man kann das, was der Hypnotisierte dem Hypnotiseur erzählt, auch aufnehmen und dem Betreffenden anschließend vorspielen – das hat den Vorteil, daß der Betreffende wirklich wörtlich hört, was er gesagt hat, und daß er nicht dem Hypnotiseur glauben muß, was dieser ihm berichtet. Das macht die Integration der so erlangten Informationen einfacher.

Die eigentliche Arbeit beginnt natürlich erst nach der Hypnose. Sie besteht darin, die entsprechenden Gefühle, Erinnerungen usw. in sich selber wiederzufinden und bewußt anschauen zu können, sich dann die Zeit zu nehmen, sie wirklich zu fühlen und sie dann schließlich zu umarmen, d.h. wie wieder in die eigene Psyche zu integrieren.

Zum anderen wird der Hypnotiseur durch seine Erlebnisse mit den Hypnotisierten und dem, was diese unter der Hypnose sagen und tun, vieles über den Aufbau der Psyche, die Natur des Bewußtseins und die inneren Strukturen und Dynamiken des Menschen erfahren.

Ich selber habe einen großen Teil der Grundlage meiner eigenen Kenntnisse über die Psyche durch ungefähr 50 Hypnose-Experimente gewonnen. Dieser direkte Kontakt mit dem Unterbewußtsein eines anderen ist ausgesprochen anschaulich …

## III 2.   Heilung der Psyche

Die Psyche kann auch unter Hypnose geheilt werden. Dafür werden in den meisten Fällen Suggestionen benutzt. Dem Betreffenden wird z.B. suggeriert, daß er keine Angst mehr vor dem Fliegen hat.

Vermutlich sollte man dieses Vorgehen nicht „Heilung" nennen, sondern eher „Umprogrammieren" – wobei nicht einmal das alte „Programm" gelöscht, sondern nur mit einem neuen „Programm" überschrieben wird.

Diese Form der Heilung richtet sich eindeutig nicht auf die eigentlichen Wurzeln des Problems. Man sollte sie daher nicht als das zentrale Heilungsmittel benutzen, sondern eher als eine Hilfsmaßnahme.

Im Gegensatz zu der Verwendung von Suggestionen ist das Auffinden von Ursachen von Krankheiten oder psychischen Störungen mithilfe der Hypnose eine Methode, die deutlich tiefer in die Psyche hineinblickt und daher auch eine tiefere und gründlichere Wirkung haben kann.

Bei größeren Störungen wie z.B. Alkoholismus sind Suggestionen unter Hypnose nicht wirksam genug, um das Problem zu heilen.

## III 3.   Heilung des Körpers

So wie sich psychische Probleme teilweise durch Suggestionen „heilen" oder genauer gesagt „beseitigen" lassen, können auch körperliche Probleme wie Rauchen, Schlafstörungen, Neurodermitis u.ä. durch Suggestionen behoben oder zumindestens unterdrückt werden.

Auch hier gilt, daß das Aufsuchen der eigentlichen Ursachen für die Krankheiten mithilfe von Hypnose vielversprechender ist als die Heilung mithilfe von Suggestionen unter Hypnose.

## III 4.   Aufklärung von Verbrechen u.ä.

Eine weitere Möglichkeit ist die kriminalistische Nutzung der Hypnose. Dabei können sowohl das Opfer als auch der Verdächtigte bzw. Täter hypnotisiert werden, um von ihnen neue Informationen zu erhalten. Dieses Verfahren ist jedoch rechtlich gesehen recht bedenklich, da es in die Selbstbestimmtheit des Hypnotisierten eingreift, wenn die Hypnose nicht freiwillig geschieht.

Die auf diese Weise erlangten Informationen müssen auf jeden Fall noch einmal überprüft werden, da sie aus dem Unterbewußtsein stammen, das der „Traumlogik" folgt und nicht der üblichen Logik des Wachzustandes. Auf diese Weise erlangte Informationen und Geständnisse sind auch deshalb sehr zweifelhaft, da die Hypnotisierten eben nicht bei vollem Bewußtsein und somit auch nicht im üblichen Sinne urteilsfähig sind.

## III 5.  Erforschung früherer Inkarnationen

Hypnose und hypnoseähnliche Zustände wie Tiefentspannung werden auch dafür benutzt, um vergangene Leben zu erforschen. Das ist jedoch ein Verfahren, das mit einigen Unsicherheiten verbunden ist – woher will man wissen, auf welche Weise die durch eine solche „Rückführung" erlangten Informationen entstanden sind?

Es gibt zumindest drei verschiedene Erklärungsmöglichkeiten für die Entstehung der Bilder u.ä., die bei einer Rückführung auftreten:

- Inhalte des Unterbewußtseins werden in Hypnose in dramatischer Form erzählt. So kann z.B. eine Angst vor Hunden zusammen mit allen Assoziationen, die mit dieser Angst verbunden sind, zu einer Geschichte über ein schreckliches Erlebnis mit Hunden verdichtet werden.

Diese Geschichte erklärt dann seh schlüssig alle Aspekte der Angst des Betreffenden vor Hunden – ganz einfach deshalb, weil diese Geschichte aus der Angst des Betreffenden vor Hunden entstanden ist.

- Die zweite Möglichkeit ist die telepathische Beschaffung von Informationen. Dadurch kann der der Betreffende (natürlich unbewußt) Elemente in seine Geschichte einbauen, von denen er nichts wissen kann und die man anschließend überprüfen kann. Dies kann z.B. der genaue Grundriß einer Kirche in einem Ort, in dem der Betreffende nie gewesen ist, sein, oder ein Gegenstand, der an einem bestimmten Ort vergraben liegt o.ä.

Sicher nachweisen läßt sich durch solche Informationen zunächst einmal nur die Telepathie selber. Ob die Geschichte, in der die möglicherweise nur telepathisch erlangten Informationen eingebaut worden sind, eine Erinnerung an ein früheres Leben ist oder eine „dramatisierte Angst", bleibt zunächst erst einmal einmal unklar.

- Die dritte Möglichkeit ist, daß es sich bei der unter Hypnose erzählten Geschichte tatsächlich um die Erinnerungen an ein früheres Leben handelt.

Die Entscheidung darüber, welche dieser drei Möglichkeiten in einem bestimmten Fall zutrifft, ist nicht einfach. Diese Überprüfung der Ergebnisse einer Rückführung übersteigt auch den Rahmen dieses Buches (bei Bedarf siehe mein Buch „Reinkarnation").

Die durch eine Hypnose bzw. eine Rückführung erlangte Geschichte hat allerdings unter Umständen einen großen Nutzen, wenn sie tatsächlich ein intensives Gefühl oder gar ein Trauma enthält, da man dann diese Geschichte als Ausgangspunkt für die Auflösung dieses Gefühls bzw. für die Heilung dieses Traumas benutzen kann. Dabei ist es egal, ob die Geschichte aus dem Trauma entstanden ist oder ob diese Geschichte die Erinnerung an ein früheres Leben ist – die Art der Heilung dieses Traumas bleibt dieselbe.

Der erste Schritt ist dabei das Betrachten dieser Gefühle und das Suchen nach Assoziationen zu dieser Geschichte, wodurch nach und nach ein klareres Bild von den Gefühlen in dieser Geschichte (und daher in dem Betreffenden selber) entsteht. Dadurch erlangt die Geschichte mehr Kontur und Klarheit und auch ihre Stellung in der Psyche des Betreffenden wird auf diese Weise deutlicher.

Der zweite Schritt ist das bewußte Erleben dieser Gefühle, also das „Fühlen der Gefühle". Dadurch erlangt der Betreffende einen Kontakt mit den Gefühlen in dieser Geschichte. Die Gefühle können wieder anfangen sich zu bewegen und zu fließen – sie werden wieder frei.

Der dritte Schritt ist das Umarmen dieser Geschichte bzw. der Gestalt des Hypnotisierten in dieser Geschichte, wenn er in der Geschichte selber auftritt (was sehr wahrscheinlich ist). Durch diese Umarmung der Geschichte, der Gefühle oder des Selbstbildes in dieser Geschichte wird die Isolation dieser Gefühle von dem Rest der Psyche aufgehoben und diese Gefühle können wieder integriert werden.


## III 6.   Erforschung magischer Möglichkeiten

Man kann die Hypnose auch benutzen, um magische Möglichkeiten zu erforschen und auf magische Weise etwas zu bewirken. Um 1950 herum nannte man dieses Arrangement oft „Magier und Medium", wobei der Magier in der Regel ein dominanter Mann und das Medium eine eher passive Frau gewesen ist.

Das Verfahren ist bei dieser Anwendung der Hypnose immer dasselbe: Der Magier hypnotisiert das Medium und läßt das Medium dann entweder telepathisch Informationen beschaffen oder telekinetisch eine Wirkung ausüben. Das „Magier und Medium"-Verfahren diente also einer effektiveren Ausübung von Telepathie und Telekinese.

Diese beiden Fähigkeiten sind im Lebenskraftkörper (Astralkörper) beheimatet und liegen somit im Unterbewußtsein. Um sie ausüben zu können, muß man folglich entweder selber einen Kontakt zu seinem Unterbewußtsein herstellen (wie es heute üblich ist) oder man muß jemand anderen in einen Unterbewußtseins-Zustand versetzen und ihn dann lenken – also jemanden hypnotisieren.

Diese Methode kann angewendet werden, um einen Vermißten wiederzufinden, um eine fehlende Information zu entdecken u.ä., also um zu helfen, wenn normale Methoden nicht mehr weiterführen.

Diese Methode kann natürlich auch angewendet werden, wenn man etwas tun will, was illegal ist – dann wäre man im Bereich der Schwarzen Magie. Man kann mit dem „Magier und Medium"-Verfahren unzugängliche Orte ausspionieren, Sicherheitsvorkehrungen erkunden u.ä.

Dabei wird das Medium von dem Magier in Hypnose versetzt und dann (innerlich/ telepathisch) an den betreffenden Ort geschickt, woraufhin das in Hypnose befindliche Medium den Ort und die Dinge an ihm beschreiben kann. Das Lesen von Texten mithilfe dieser Methode scheint eher schwierig zu sein – das Erfassen von Bildern ist telepathisch anscheinend einfacher als das Erfassen von Buchstaben und Zahlen.

Derart erlangte Informationen sind allerdings manchmal etwas unscharf, weshalb man mit den Schlussfolgerungen aus ihnen vorsichtig sein sollte. Möglicherweise liegt diese Unschärfe daran, daß man per Telepathie oder auf einer Astralreise eine etwas andere Wahrnehmung hat, bei der die Konturen manchmal leicht unscharf sind und die Szenerie manchmal wie in einen leichten Nebel gehüllt erscheint. Auch werden nicht immer wie bei der normalen optischen Wahrnehmung alle Details gesehen.

Bei der Anwendung von Telekinese durch ein Medium ist es natürlich die Frage, was man damit bezweckt. Will man jemandem helfen oder jemandem schaden? Will man gar einen Autounfall verursachen, um einen Menschen zu verletzen?

Hier stehen der Schwarzen Magie Tür und Tor offen. Zum Glück ist es auch bei dem „Magier und Medium"-Verfahren wie bei allen Methoden nicht so einfach, eine große Wirkung zu erzielen – ohne Talent und Übung und eine große Motivation tut sich nicht viel … Daher ist ein Mißbrauch dieser Methode nicht so einfach, wie es zunächst einmal scheinen mag.

Bei allen Vorgängen unter Hypnose ist es sinnvoll, die Bilder in dem Hypnotisierten zu nutzen statt gegen sie zu arbeiten – das gilt auch für die „Magier und Medium"- Magie. Wenn der Hypnotisierte z.B. den Mars an seinem Aszendenten stehen hat und daher ein kriegerischer Typ ist, sollte man für alle Suggestionen sexuelle oder kriegerische Bilder benutzen – das funktioniert am besten …

Wenn man auf diese Weise einem anderen helfen will und dieser andere z.B. fest im christlichen Glauben verankert ist, sollte man bei dieser Hilfe christliche Bilder benutzen, weil der Betreffende diese Bilder am leichtesten verstehen, abnehmen und integrieren kann.

Diese Prinzipien gelten auch dann, wenn man über das „Magier und Medium"-Verfahren einem anderen schaden will.

Eine etwas hinterhältige Methode ist es, einem Hypnotisierten ein falsches Bild zu suggerieren, aufgrund dessen er dann aus eigener Motivation heraus das tut, was der Magier eigentlich von ihm will – z.B. weil der Hypnotisierte einen Menschen plötzlich für einen Angreifer hält, der die Tochter des Hypnotisierten bedroht.

Hier hat eine evtl. vorhandene finstere Kreativität viele Gestaltungsmöglichkeiten, deren Wirkung zum Glück dadurch begrenzt ist, daß sie nicht so einfach effektiv umzusetzen ist, wie es zunächst einmal klingt.

## III 7.   Befehlen von Handlungen

Der „klassische Fall" und die spektakulärste Aufführung von Hypnose ist der „hypnotische Befehl" an einen Menschen, den dieser dann entweder sofort oder später ausführt, ohne dies bewußt zu wollen. Es ist offensichtlich, daß man auf diese Weise viel Schaden anrichten kann oder Menschen sogar zu Verbrechen bringen kann, die sie garnicht begehen wollen.

Auch hier kann man nichts gegen die Bilder in der Psyche des Betreffenden befehlen, aber man kann die Bilder in der Psyche des Betreffenden so nutzen, daß er bei der Umsetzung des hypnotischen Befehls z.B. glaubt, daß er sich selber verteidigt, obwohl er in Wirklichkeit den anderen angreift. Es ist offensichtlich, daß dies ein Bereich ist, der zur Schwarzen Magie gehört.

Zum Glück ist auch dieses Verfahren nicht so leicht umzusetzen, wie es zunächst scheint. Zum einen muß der Betreffende erst einmal seiner Hypnose zustimmen – jemanden unbemerkt zu hypnotisieren ist alles andere als einfach, auch wenn es durchaus möglich ist. Zum anderen muß der Betreffende auch in seiner Hypnose die nötige Entschlossenheit und Kraft haben, den hypnotischen Befehl auch umzusetzen.

Dieses Verfahren ist durch die „Harry Potter"-Romane bekannt geworden. Der dazu gehörende Zauberspruch lautet „Imperio!".

Dieses Verfahren wird in einem späteren Kapitel noch ausführlicher dargestellt.

Eine zweite spektakuläre Anwendung der Hypnose besteht drin, daß der Hypnotiseur einen Hypnotisierten oft Dinge tun lassen kann, zu denen dieser vor allem in körperlicher Hinsicht normalerweise nicht in der Lage wäre. Dies kann sowohl seinen Gleichgewichtssinn, seine Geschicklichkeit als auch seine Kraft betreffen.

Diese Fähigkeiten sind ähnlich wie die erstaunlichen Fähigkeiten, die in manchen Kampfkünsten wie z.B. dem Karate gezeigt werden. Der Grund dafür ist recht einfach:

- Der Karateka ist einsgerichtet, wenn er mit der Handkante einen Backstein zerschlägt.
Er hat zudem innerlich das Bild, mit seiner Hand an einen Ort unterhalb des Backsteins zu schlagen, wobei er den Backstein weitgehend ignoriert.

- Der Hypnotisierte folgt einsgerichtet dem Befehl des Hypnotiseurs, wobei ihm sein „abgeschaltetes" Wachbewußtsein keinerlei Zweifel in die Einsgerichtetheit streuen kann.
Der Hypnotisieur sendet dem Hypnotisierten sowohl durch seinen Befehl als auch durch seine Vorstellung das Bild der vollbrachten Aufgabe: „Du wirst jetzt diesen Backstein zerschlagen."

Diese Einsgerichtetheit und diese Imagination der vollbrachten Aufgabe können sowohl durch die eigenständige Konzentration als auch durch das Hypnotisiertwerden erlangt werden.

Der Hypnotiseur braucht übrigens genau die gleichen beiden Fähigkeiten, um hypnotisieren zu können: Einsgerichtetheit und die lebhaft-intensive Imagination der vollbrachten Tat.

„Konzentration und Imagination" sind generell die beiden Pfeiler, auf der eine effektive Magie beruht …

# IV Die Tiefe des Hypnose-Zustandes

Die Hypnose besteht darin, daß sich der Fokus des Hypnotisierten schrittweise vom Wachbewußtsein ins Unterbewußtsein und somit auch von der Außenwelt auf seinen Lebenskraftkörper verschiebt. Daher kann die Tiefe einer Hypnose variieren – je nachdem, wie weit der Fokus des Hypnotisierten auf diesem Weg in Richtung Unterbewußtsein/Lebenskraftkörper verschoben wird.

Die Stufen auf diesem Weg sind:

- Ausgangspunkt: Wachbewußtsein/Außenwelt

- 1. Schritt: dem Hypnotiseur **zuhören** und zusehen (Pendel und Gesten)

- 2. Schritt: sich **entspannen**

- 3. Schritt: die Aufmerksamkeit vollständig auf den Hypnotiseur ausrichten → Einengung des Wachbewußtseins und daher **Fixierung** auf den Hypnotiseur

- 4. Schritt: der Körper wird **schwer** → sich nicht mehr bewegen können, Starre des Körpers, „Versteinerung" (die Steuerung des Körpers wird wie im Schlaf eingestellt)

- 5. Schritt: der Körper ist bereits unbewegt bzw. unbeweglich und wird nun zusätzlich **warm** (diese Wärme ist die Wahrnehmung des eigenen Lebenskraftkörpers)

- 6. Schritt: das Wachbewußtsein wird unscharf, d.h. man wird **müde** (der Hypnotisierte nähert sich an den Schlafzustand an – bei der Hypnose bleibt jedoch eine Verbindung zu dem Hypnotisieur bestehen)

- 7. Schritt: das Wachbewußtsein löst sich auf und man kommt in einen „**Wach-Schlaf**", d.h. in den hypnotischen Zustand

- 8. Schritt: der **Lebenskraftkörper** beginnt mit ca. 6Hz zu vibrieren (dies ist nach der Wärme die zweite Wahrnehmung des Lebenskraftkörpers)

- 9. Schritt: evtl. wird der Vorgang noch fortgeführt, wodurch man entweder die eigene **Kundalini** weckt (die Wärme wird zur Hitze) oder eine **Astralreise** beginnt (der Astralkörper löst sich als Ganzes vom physischen Leib)

- Endpunkt: Traumzustand/Astralkörper

Die angestrebte Tiefe des hypnotischen Zustands hängt davon ab, was man mit diesem Zustand erreichen will. In der Regel ist das Erreichen des „Wach-Schlafs" das Ziel, da der Hypnotiseur dann mit dem Hypnotisierten sprechen kann. In diesem Zustand kann der Hypnotiseur den Hypnotisierten befragen und von ihm Antworten direkt aus seinem Unterbewußtsein oder telepatisch erlangte Informationen erhalten kann. Zudem kann der Hypnotiseur den Hypnotisierten in diesem Zustand auch Aufträge („hypnotische Befehle") geben.

# V  Das Wecken aus der Hypnose

Das Erwecken aus der Hypnose ist in den meisten Fällen einfacher als das Versetzen in eine Hypnose. Auch dabei ist der Wille des Hypnotiseurs das wesentliche Element.

## V 1.  Wecken mit Worten

Man kann den Hypnotisierten mit einer Formel wecken, die die Folge der „Zauberworte", die man bei der Hypnose benutzt, umdreht und dabei in ihre Gegenstücke verwandelt:

> *„Du hast jetzt eine Weile geschlafen,*
> *Du wachst jetzt wieder auf,*
> *Du kehrst jetzt wieder zurück,*
> *Du fühlst Dich frisch,*
> *Du fühlst Dich leicht,*
> *Du hast Lust, Dich zu bewegen,*
> *Du bist wach und munter ..."*

Man muß im konkreten Fall schauen, ob diese kurze Formel ausreicht – evtl. muß man sie etwas ausdehnen, damit der betreffende Zeit hat, „aufzuwachen", d.h. aus dem Hypnose-Zustand zurückzukehren.

Es scheint nach einer Hypnose nichts zu geben, was der „Morgenmüdigkeit" entsprechen würde – die Hypnotisierten sind gleich nach der Rückkehr aus der Hypnose wieder „richtig wach".

Die jeweils vier wichtigen „Zauberworte" beim Hypnotisieren und beim Erwecken aus der Hypnose sind:

| die „Zauberworte" auf dem „Hypnoseweg" | | | |
|:---:|:---:|:---:|:---:|
| Wachzustand | | | |
| ↓ | entspannt | munter | ↑ |
| ↓ | schwer | leicht | ↑ |
| ↓ | warm | erfrischt | ↑ |
| ↓ | müde | erwachen | ↑ |
| Hypnosezustand | | | |

Das Wecken aus der Hypnose geschieht manchmal auch durch ein einfaches Klatschen mit den Händen – das funktioniert aber nur dann gut, wenn entweder die Hypnose nicht sehr tief gewesen ist oder wenn der Magier und das Medium gut aufeinander eingespielt sind, und das Klatschen als Weck-Signal durch das ständige Verwenden in dieser Funktion in der Psyche des Mediums gut verankert ist.

Es hat den Anschein, als ob die Hypnose am einfachsten auf dieselbe oder eine ähnliche Weise aufgelöst werden kann, wie sie zuvor auch hergestellt worden ist – was ja auch recht plausibel ist.

Allerdings können sich Hypnose-Zustände auch nach einer Weile von selber wieder auflösen.


# V 2.   Wecken mit Lebenskraft

Das Wecken nach der Mesmer-Methode sieht wie folgt aus:

- Man streicht mit beiden Händen von den beiden Füßen des Liegenden aus über dessen Beinen entlang und dann weiter über den Bauch, die Brust und den Hals bis zum Kopf.

- Dann schüttelt man die Hände oberhalb des Kopfes aus – so als ob man Wassertropfen loswerden wollte.

- Als nächstes streicht man mit beiden Händen von den beiden Händen des Liegenden aus über dessen Arme entlang und dann weiter über den Bauch, die Brust, den Hals bis zum Kopf.

- Dann schüttelt man wieder die Hände oberhalb des Kopfes aus – so als ob man Wassertropfen loswerden wollte.

Die Bewegungen beim Wecken nach der Mesmer-Methode sind genau umgekehrt wie bei dem Hypnotisieren nach dieser Methode.


## V 3.   Eigenständiges Erwachen

Das eigenständige Erwachen des Hypnotisierten scheint nur selten vorzukommen – ich habe es in meinen eigenen Hypnose-Versuchen noch nicht erlebt.

Das Erkennen seines Zustands durch den Hypnotisierten selber, wodurch er sich dann gegen seine Hypnose zu wehren beginnt, scheint nur dann aufzutreten, wenn der Hypnotiseur so ungeschickt ist, dem Hypnotisierten etwas zu befehlen, was dessen Weltsicht oder dessen Wertvorstellungen widerspricht. Durch einen solchen Befehl entsteht in dem Hypnotisierten ein innerer Widerspruch, der ihn aus dem hypnotischen Schlaf wecken kann, woraufhin der Hypnotiseur die Kontrolle über ihn verliert.

Eine solche Gegenwehr wird sehr anschaulich in den „Harry Potter"-Büchern geschildert, in denen Harry sich gegen den „Imperio!"-Befehl von Professor Moody und auch von Voldemort wehren kann.

# VI  Die Nebenwirkungen des Hypnotisierens

Ein wichtiger Punkt, den man auch betrachten sollte, ist die Wirkung der Hypnose auf den Hypnotisierten – und natürlich auch auf den Hypnotiseur.

In diesem Kapitel geht es nicht um die Wirkungen, die man durch die Hypnose erreichen will und kann wie die Heilung der Psyche bzw. des Körpers, die Rückführung und die telepathische Informations-Beschaffung, sondern um die „Nebenwirkungen" der Hypnose.

## VI 1.  einmalige Hypnose

Eine einmalige Hypnose wird kaum eine dauerhafte Nebenwirkung haben – sowohl der Hypnotiseur als auch der Hypnotisierte erleben vor allem, daß Hypnose möglich ist und wie dieser Zustand aussieht.

## VI 2.  häufige Hypnose

Häufige Hypnose-Experimente mit denselben Personen haben jedoch eine recht deutliche Nebenwirkung: eine Tendenz zur Desintegration der Psyche – was kein erwünschter Effekt ist.

Diese Nebenwirkung kommt auf eine recht einfache Weise zustande: Wenn man mit einem Hypnotisierten spricht, hat man als Gesprächspartner nicht das Wachbewußtsein des Betreffenden, sondern einen Teil von dessen Unterbewußtsein. Wenn man diesen Teil in der Hypnose des öfteren besucht, entwickelt dieser Teil eine größere Eigenständigkeit und beginnt zu wachsen und sich zu einer größeren Eigenständigkeit zu entwickeln. Diese größere Eigenständigkeit führt unter Umständen dazu, daß dieser Teil der Psyche anschließend schwieriger in die Psyche integrierbar ist.

Es gibt auch noch einen zweiten Effekt: Der Hypnotiseur wird durch häufiges Hypnotisieren immer dominanter und der Hypnotisierte immer untergeordneter. Auch wenn man anfangs noch zwei eigenständige Menschen hat, kann sich durch häufiges Hypnotisieren die „klassische" Rollenverteilung von „Magier und Medium" bilden. Das muß nicht geschehen, aber die Gefahr ist doch groß.

# VI 3.  Alternativen zur Hypnose

Es gibt zum Glück einige Alternativen zur Hypnose: die Traumreisen, die Auto-suggestionen („Selbsthypnose") und die Meditation.

Diese Methoden beruhen darauf, daß der Betreffende selber bewußt in sein Unter-bewußtsein geht, d.h. daß er lernt, gleichzeitig in seinem Wachbewußtsein und in seinem Traumzustand (Unterbewußtsein) zu sein. Das ist nicht so exotisch, wie es vielleicht klingt – fast jeder kennt diesen Zustand:

> - Wenn man morgens aus einem Traum heraus erwacht, träumt man manch-mal noch 5-10 Sekunden weiter, d.h. der Traum läuft weiter in seiner Eigen-dynamik, obwohl man schon wach ist – das ist dann in etwa so, als ob man einen Film schauen würde.
> Hier ist das Traumbewußtsein durch das Wachbewußtsein ergänzt worden.

> - Wenn man in einem Zug sitzt und zum Fenster hinausschaut, gerät man manchmal in einen lebhaften Tagtraum und findet sich in seinem Urlaub am Meer wieder und spürt sogar den Sand unter den nackten Füßen. Dann „erwacht" man plötzlich aus dem Tagtraum und sieht, daß man stattdessen im Zug sitzt.
> Hier ist das Wachbewußtsein durch das Traumbewußtsein ergänzt worden.

Man kann erlernen, absichtlich und zu einem bestimmten Thema in diesen Zustand zu kommen („Traumreise") und kann dann auch alles erfahren, was man mithilfe der Hypnose erfahren könnte.

Bei der Autosuggestion versetzt man sich zunächst in eine möglichst tiefe Entspan-nung, d.h. man geht mit seinem Bewußtsein ein stückweit den Weg vom Außen zum Innen, vom Wachbewußtsein zum Traumbewußtsein, vom physischen Leib zum Astralkörper.
Dann spricht man innerlich den Satz, der das ausdrückt, was man erreichen will. Das kann alles mögliche sein: „Ich bin beliebt.", „Ich bin reich.", „Ich bin stark." usw. Diese Sätze können sich auch auf etwas Konkreteres beziehen wie z.B.: „Ich bestehe mein Abitur mit der Note '1'.", „Ich finde eine gute und billige Wohnung." oder „Ich finde noch diesen Monat meinen Traummann."
Man kann diesen Satz bei der Autosuggestion entweder einmal mit viel Nachdruck sagen oder wie ein Mantra sehr oft innerlich sprechen.

Die Meditation ist eine eher allgemeine Alternative zur Hypnose, da die Meditation verschiedene Möglichkeiten der Bewußtseins-Koordination bietet. Die drei wichtigsten Formen der Meditation sind:

- Wachbewußtsein + Unterbewußtsein => Traumreise
- Wachbewußtsein + Tiefschlaf        => Stille-Meditation (Zen-Meditation)
- Wachbewußtsein + Ekstase-Zustand  => Kundalini-Erweckung

Die Traumreise, die Autosuggestion und die Meditation haben den großen Vorteil, daß sie die Psyche integrieren und die Selbstbestimmtheit fördern – ganz einfach deshalb, weil das eigene Wachbewußtsein mit den verschiedenen Teilen bzw. Zuständen des Bewußtseins Kontakt aufnimmt. Diese Kontaktaufnahme ist die Grundlage für die Integration.

# VII   Erlebnisse mit der Hypnose

Unter Hypnose tauchen vor allem die Teile der Psyche auf, die unter einem großen emotionalen Druck stehen. Das sind dieselben Teile der Psyche, die auch in Träumen und in Traumreisen an die Oberfläche kommen.

Wenn der Hypnotisierte in sich heftige Gefühle oder gar ungeheilte Traumata hat, können daher die Szenen und Geschichten, die unter der Hypnose erscheinen, recht heftig sein. Daher braucht auch der Hypnotiseur eine gewisse „emotionale Standfestigkeit", um auf eine sinnvolle Weise mit diesen Szenen, die die Hypnotisierten erleben und schildern, umgehen zu können.

Es können unter Hypnose auch Ereignisse auftreten, die der Hypnotisierte nicht selber erlebt hat, sondern dessen Vorfahren. Dieses „Bewahren der Familiengeschichte" ist auch ein wichtiges Element bei den Familienaufstellungen, bei denen es sehr deutlich wird, daß die Menschen auch Gefühle und Verhaltensweisen ihrer Eltern, Großeltern, Urgroßeltern usw. in sich tragen können.

Aufgrund dieser „ererbten Erinnerungen" können unter Hypnose auch Vergewaltigungen, Kriegserlebnisse, Erdbeben und ähnliches auftauchen, die der Hypnotisierte gar nicht selber erlebt hat. Spätestens an dieser Stelle wird von dem Hypnotiseur dann auch ein Mindestmaß an psychologischem Feingefühl und Geschick benötigt …

Es muß aber natürlich nicht immer so heftig kommen. Es gibt auch Hypnosen, bei denen der Hypnotisierte zwar antwortet, aber nichts Spektakuläres oder auch nur Interessantes geschieht.

Ich selber habe die Hypnose durch Axel Büdenbender gelernt – einem Magie-Abenteurer, der mich als „Zauberlehrling" angenommen hatte und dessen Maxime „Hauptsache es kracht und macht schwindelig!" ist.

Eines Tages hat er mir ein Buch in die Hand gedrückt und gesagt: „Hier, lies mal Seite 174 und 175 und morgen hypnotisierst Du mich."

Damals war ich noch viel zu schüchtern um zu sagen, daß ich unmöglich einen anderen Menschen hypnotisieren kann. Also habe ich die beiden Seiten durchgelesen, die Anleitung auswendig gelernt und am nächsten Abend ausprobiert, Axel zu hypnotisieren. Zu meinem großen Erstaunen hat es schon beim dritten Versuch geklappt.

Da Axel, wie gesagt, ein Abenteurer ist, waren auch die Szenen, die ich mit ihm in seinem hypnotisierten Zustand erlebt habe, manchmal recht abenteuerlich.

So hat Axel einmal unter Hypnose mit jemandem zu sprechen begonnen, den er offenbar sich selber gegenüber gesehen hat. Nach einigen Sätzen habe ich erkannt, daß Axel gerade von seinem Gegenüber einen Job als Wächter am Höllentor angeboten bekommen hat.

Es war gar nicht so einfach, mich in das Gespräch einzumischen (von dem ich ja nur Axels Seite gehören konnte) und Axel davon abzubringen, diesen Job anzunehmen …

Ich weiß natürlich nicht, was geschehen wäre, wenn er dieses Angebot angenommen hätte, und ob überhaupt etwas geschehen wäre, aber ich war doch ganz froh, daß ich ihn davon abhalten und aus der Hypnose zurückholen konnte.

Bei einer anderen Hypnose-Sitzung schien Axel in einem früheren Leben zu sein und erlebte, wie er als Hexe vor einem Gericht angeklagt und schließlich auf dem Scheiterhaufen verbrannt wurde – das war ziemlich heftig!

Das war bei einem der ersten Hypnose-Versuche. Ich habe mich damals dafür entschieden, Axel diese Geschichte zuende erleben und erzählen zu lassen, weil ich angenommen habe, daß diese Informationen für Axel hilfreich sein könnten.

Anschließend hatten wir eine lange Diskussion darüber, ob diese Bilder aus einem früheren Leben stammten oder ob sie eine Dramatisierung seiner Konflikte mit Autoritäten und seiner Angst vor Feuer waren.

Bei einer weiteren Hypnose-Sitzung tauchte in Axel plötzlich eine ganz andere Persönlichkeit auf: Axel grinste, veränderte seine Mimik und zog um sich herum 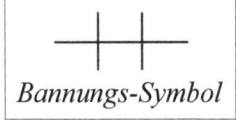 einen Bannkreis mithilfe von Symbolen, die ich noch nie zuvor gesehen hatte – je einmal das links abgebildete Symbol in jeder Himmelsrichtung. Da saß er dann auf seinem Stuhl und grinste hämisch und herausfordernd – das war der stabilste Bannkreis, den ich bis dahin gesehen hatte.

*Bannungs-Symbol*

Ich habe versucht, diesen Kreis zu sprengen, um wieder Kontakt über Axel zu erhalten und die hypnotische Kontrolle über ihn wiederzuerlangen, aber das war garnicht so einfach. Erst als ich von oben her (von Kether) gleißendweißes Licht in Axels Scheitelchakra und dann in seinen ganzen Körper gerufen habe und dadurch diese andere Persönlichkeit verblaßt ist, konnte ich den Bannkreis auflösen und Axel aus der Hypnose zurückholen.

Als das Licht Axel erfüllt hat, hat sich seine Mimik entspannt und er ist ein wenig zusammengesunken – so als ob er er eingeschlafen wäre.

Man kann sich natürlich fragen, ob da ein Dämon von Axel Besitz ergriffen hat, zumal das Rufen des „Gottes-Lichtes" (Kether) eine Exorzismus-Methode ist. Dies ist wieder einer der Punkte, die nur sehr schwer zu entscheiden sind – entsprechend lange haben Axel und ich auch anschließend darüber diskutiert.

Axel könnte in sich „Dämonen-Bilder" gehabt haben (was ganz sicher der Fall gewesen sein wird) und seine generelle Haltung gegenüber Autoritäten in diesem Bild zu der geschilderten Bannkreis-Szene dramatisiert haben. Wenn er jedoch in sich diese Bilder trägt, wären sie auch ein geeigneter Punkt, an dem echte Dämonen andocken könnten.

Andererseits kann man auch argumentieren, daß dann, wenn ein echter Dämon mit Axel Kontakt aufgenommen hat, Axel in sich selber Dämonen-Bilder entwickeln würde.

Da sich diese Dämonen-Bilder jedoch gut aus seiner Biographie erklären lassen (Gegenreaktion zu seiner Zeit in einer Klosterschule), scheint mir das Modell der „Dramatisierung von Inhalten des Unterbewußtseins" (wie bei einem Traum) plausibler zu sein.

Es im Zweifelsfalle immer sinnvoll, die einfachste Erklärung zu benutzten – diese erweist sich in fast allen Fällen auch als die Richtige.

Als Axel in einer Hypnose wieder einmal eine andere Persönlichkeit angenommen und sich geweigert hatte, aus der Hypnose zurückzukommen, habe ich verschiedene unorthodoxe Weck-Methoden versucht wie z.B. ihm ein Glas Wasser ins Gesicht zu schütten, was jedoch völlig wirkungslos war – so einfach ist das Zurückholen auch nicht, wenn der Hypnotisierte sich in einem eigenständigen, vom Hypnotiseur nicht hervorgerufenen Zustand befindet und sich dieser Zustand stabilisiert hat (wie z.B. mit dem Bannkreis).

Die Hypnose-Erlebnisse müssen natürlich nicht immer so heftig und tendenziell düster sein wie bei den hier geschilderten Szenen – das entspricht Axels innerer Bilderwelt.

Ich habe auch andere Menschen hypnotisiert, die dabei z.B. ihr Krafttier getroffen haben oder einfach nur in eine sehr tiefe Entspannung gelangt sind, in der sie sich nicht mehr bewegen konnten.

Diese Art von Erlebnissen ist vor allem für den Hypnotiseur ausgesprochen lehrreich – wo sonst kann man auf so direkte Weise mit dem Unterbewußtsein eines anderen Menschen in Austausch treten? Und wo kann man sonst sozusagen „nebenbei" lernen, mit Bannungen, Dämonen u.ä. umzugehen?

# VIII   Hypnose-ähnliche Vorgänge

Es gibt einige Vorgänge, die der Hypnose sehr ähnlich sind, da dabei ebenfalls Veränderungen in der gewohnten Ordnung von Bewußtsein und Körper stattfinden.


## VIII 1.   Bewußtseinsübertragung

Bei Heilungen gibt es die Möglichkeit, daß der Heiler mit seinem Bewußtsein in den Kranken wechselt und sich dort auf ganz direkte Weise die Organe, die Chakren und die Psyche des Betreffenden anschaut.

In Hinblick auf die Ausweitung des eigenen Bewußtseins auf einen anderen ist diese Form der Diagnose der Hypnose sehr ähnlich. Allerdings wird dabei nicht das Bewußtsein des Kranken ausgeschaltet – der Kranke kann allerdings manchmal die Anwesenheit des Bewußtseins des Heilers in seinem Körper spüren.

Das Vorgehen ist dabei recht einfach, auch wenn es evtl. einige Übung durch den Heiler erfordert: Der Heiler richtet seine Aufmerksamkeit auf den Patienten, tastet innerlich nach dessen Körper und stellt sich vor, wie er mit seinem Bewußtsein in den Körper des Kranken wechselt.

Es ist natürlich hilfreich, wenn der Heiler dieses Betrachten des Körperinneren, der Chakren und der Psyche zunächst einmal bei sich selber geübt hat, da er sonst zwei Dinge gleichzeitig lernen müßte: den Wechsel des Bewußtseins in einen anderen Körper und die Betrachtung des Körperinneren.

Dieser Vorgang klingt wesentlich weniger spektakulär, wenn man ihn als eine systematische Form der Telepathie auffaßt, bei der nicht nur ein einzelnes Detail, sondern der gesamte Körper eines anderen erfaßt wird.

Wie bei den meisten Dingen wird man auch diese Form der Bewußtseinsübertragung erst dann wirklich verstehen und einschätzen können, wenn man sie einmal selber durchgeführt hat. Sie ist eine ausgesprochen nützliche Diagnose-Methode.

Sie kann auch zur Therapie benutzt werden, was offensichtlich einen Wechsel von der Telepathie zur Telekinese erfordert – dieser Übergang ist allerdings, wenn man ihn durchführt, sehr unauffällig. Es ist ja auch von der Wahrnehmung der eigenen Hand hin zu einer Bewegung der eigenen Hand kein großer Weg …

Man kann, wenn man mit seinem Bewußtsein in dem anderen ist, die Bilder in dessen Psyche verändern – was natürlich immer nur in Rücksprache mit dem Betreffenden geschehen sollte. Dabei kann man z.B. Bilder von inneren Wunden heilen oder bei jemandem, der bei der kleinsten Störung sofort in Aktionismus verfällt, Buddha Amitabha in die Wurzel des Dritten Auges (ca. bei der Hypophyse) bitten.

Es gibt auch die Möglichkeit, die Lebenskraft-Verteilung in den Chakren zu verändern, da sich in ihnen oft Einseitigkeiten und Polarisierungen finden, die auch einseitigen und polarisierten psychischen Zuständen entsprechen, wie z.B. einer Täter/Opfer-Polarisierung. Diese spezielle Polarisierung findet sich im Dritten Auge und im Hara.

Diese Methode der Lebenskraft-Lenkung eignet sich z.B. auch zur Beruhigung einer Panikattakke. In diesem Fall liegt ein Lebenskraft-Stau im Dritten Auge und ein Lebenskraft-Mangel im Hara vor – die Panikattakke ist das Symptom eines Opfers. Daher beruhigt das Leiten der Lebenskraft vom Dritten Auge in das Hara die Panikattakke. Das Bewegen der Lebenskraft erfolgt durch die Imagination, daß die Lebenskraft vom Dritten Auge zum Hara fließt. Das ist einfacher, wenn man sich mit seinem Bewußtsein in dem Körper des anderen, der diese Panikattakke hat, befindet.

Man kann sich, wenn man sich mit dem eigenen Bewußtsein in dem Körper eines anderen Menschen befindet, auch dessen Gefühle direkt anschauen, obwohl es im allgemeinen einfacher zu sein scheint, sich die Chakren anzuschauen und dann etwas für die Gefühle und Bilder in ihnen zu tun.

Der Kontakt mit den Organen ist etwas anders als der Kontakt zu den Chakren: Die Organe sind deutlich direkter und emotionaler als die Chakren und oft auch ein wenig frech – es macht geradezu Spaß, mit ihnen zu sprechen! Da sie physisch sind und nicht wie die Chakren aus Lebenskraft bestehen, ist die Beeinflussung der Organe schwieriger.

Man sollte jedoch bei jeder Beeinflussung eines anderen Menschen vorsichtig sein und sich erst einmal ein wenig Sachkenntnis über die Chakren, die Gefühle und die Organe erwerben, bevor man etwas an ihnen verändert.


# VIII 2.  Darschan

Ein recht ähnlicher Vorgang wie die Bewußtseinsübertragung bei der Heilung ist das Darschan. Dabei sitzt ein Schüler vor einem Meister („Guru") und öffnet sich innerlich dem Meister. Der Meister dehnt seinerseits sein eigenes Bewußtsein auf den Schüler aus, wodurch dieser in denselben Bewußtseinszustand gezogen wie der, in dem sich der Lehrer befindet.

Vermutlich läßt sich das am einfachsten durch ein Beispiel veranschaulichen: Mit Anfang 20 bin ich einmal zu einem Vortrag von den „Ananda Marga"-Leuten gegangen, der in einem Nebenzimmer eines vegetarischen Restaurants stattgefunden hat. Wir waren zusammen mit dem Yogi, der den Vortrag gehalten hat, ungefähr ein Dutzend Personen. Anschließend an den Vortrag wurden noch Anekdoten ausgetauscht und dann meditiert.

Bei dieser Meditationsrunde habe ich auf einmal das Bewußtseins des Yogis in mir gespürt und erlebt, wie er sozusagen mit seiner Hand sanft über meine Gedanken gestrichen hat, worauf sie verstummt sind. Seitdem kann ich jederzeit innerhalb einer Sekunde in diesen Stille-Zustand wechseln, in dem lediglich das Bewußtsein selber da ist, das sich seiner selbst bewußt ist – ohne Gedanken, Gefühle und Wahrnehmungen.

Das war ein sehr großes Geschenk!

Diese Form der Ausdehnung des Bewußtseins findet sich auch bei Weihungen, bei denen der Magier bzw. Priester sein Bewußtsein auf den zu weihenden Gegenstand ausdehnt und diesen Gegenstand dann mit seiner Absicht und mit den Bildern, die diese Absicht ausdrücken, „prägt".

Eine spezielle und umfassende Form einer solchen Weihung ist das energetische Feng-Shui, bei dem die gesamte Lebenskraft eines Raumes, einer Wohnung oder eines anderen Ortes aufgelöst und neu gestaltet wird, indem dem Raum neue Bilder „eingeprägt" werden. Anschließend fühlt sich solch ein Raum ganz anders an als vorher.

Eine weitere Variante sind Einweihungen. Auch dabei wird der Einzuweihende durch einen Lehrer o.ä. mit einem bestimmten Bewußtseinszustand verbunden, den er dann erleben kann. Dabei wird in vielen Fällen nicht nur das Bewußtsein des Leiters der Einweihung auf den Einzuweihenden ausgeweitet, da sich der Leiter der Einweihung selber zuvor mit dem Bewußtsein einer Gottheit verbunden hat. Dadurch erhält der Einzuweihende den Kontakt zu der betreffenden Gottheit.

Dieser Vorgang klingt vielleicht etwas abenteuerlich und nach Marmortempeln, Prozessionen, Ritualfeuern und langen Anrufungen. Wenn jemand jedoch darin geübt ist, Kontakt mit einer Gottheit aufzunehmen und sein Bewußtsein auf andere auszuweiten, kann er dieses Gottes-Bewußtsein auch ohne jede Vorbereitung und „besondere äußere Umstände" einem anderen zeigen, wenn das Gespräch auf dieses Thema kommen sollte und der andere das gerne erleben möchte.

Eine solche Einweihung ist sozusagen eine Invokation, die der Betreffende nicht selber durchführt, sondern eine andere Person, die darin geübt ist, Kontakt mit Gottheiten aufzunehmen. Im Grunde ist dies ein allgemein bekannter Vorgang: Jeder Segen, der in der Kirche der Gemeinde gegeben wird, ist solch eine Verbindung der Gemeinde mit Gott bzw. Christus durch den Priester.

Wie immer gibt es auch hier verschiedene Qualitäten (Gottheiten), mit denen man verbunden werden kann, und auch verschiedene Intensitäten, in denen dies geschehen kann.

Eine andere Form einer solchen Einweihung ist die gemeinsame Traumreise zu einer Gottheit. Das ist etwas aufwendiger, aber hat den Vorteil, daß der „Schüler" dabei eigenständig ist, einen Weg zu der Gottheit kennenlernt und wahrscheinlich auch mehr Bilder sieht, die mit dieser Gottheit verbunden sind.

Die eigenständige Variante einer Einweihung ist die Invokation einer Gottheit, bei der man die Gottheit anruft, sie sich innerlich vorstellt und sich dann mit ihr identifiziert. Dadurch ruft man sozusagen das Bewußtsein dieser Gottheit in sich selber hinein. Das Erlebnis einer solchen Invokation unterscheidet sich natürlich sehr von Gottheit zu Gottheit – der schelmische Pan erscheint anders als der zupackende Horus und auch der lichte Apollo erscheint anders als der listige Loki.
Die Invokation ist das Gegenstück zu einer Hypnose: Bei der Hypnose dehnt der Hypnotiseur sein Bewußtsein auf den Hypnotisierten aus – bei der Invokation lädt der Magier die Gottheit ein, ihr Bewußtsein auf den Magier auszudehnen.

Das Prinzip einer „externen Verbindung" wie bei der Einweihung findet sich auch im energetischen Feng-Shui. Dabei wird z.B. eine Stelle des Raumes, den man energetisch gestaltet, mit dem Elf aus der Eiche im Garten vor dem Haus verbunden, eine andere Stelle mit dem Fluß in dem Tal, in dem dieses Haus steht usw.
Das, was bei dieser Form des Feng-Shui verändert wird, ist die Lebenskraft eines Raumes, einer Wohnung oder eines Ortes. Dies ist der wichtigere Teil des Feng-Shui – der andere Teil ist das Anordnen der Möbel in einem Raum, die Anlage von Beeten in einem Garten usw. Da in fast allen Fällen das Haus schon steht und der Garten schon angelegt ist, hat man in der konkreten Tätigkeit beim Feng-Shui fast immer damit zu tun, einige Kleinigkeiten materiell zu ändern und das Gesamte dann energetisch, d.h. mithilfe der Lebenskraft zu verändern.
Am Ende der Feng-Shui-„Behandlung" eines Ortes kann das an ihm neu erschaffene innere (Lebenskraft-)Bild noch einmal aufgeladen werden, indem man den Raum als Ganzes mit dem glühenden Eisen-Nickel-Kern der Erde verknüpft.

Eine letzte Variante ist die Ausweitung des Bewußtseins einer Gottheit auf einen Menschen oder auf eine Gruppe von Menschen, die zumindestens teilweise auch von der Gottheit selber ausgeht.
Das hierzulande vermutlich bekannteste Ereignis dieser Art ist das „Pfingst-Wunder", also das Erfülltwerden der Apostel mit dem Heiligen Geist – dadurch wurde das Bewußtsein der Apostel auf Gott Vater und evtl. auch auf Christus ausgeweitet.

## VIII 3.  Phowa

Das Phowa ist einer der „sechs Yogas des Naropa". Naropa ist ein Mahasiddi („buddhistischer Yogi") aus Nordindien gewesen, dessen Lehre die wichtigste Grundlage des tibetischen Buddhismus gewesen ist. Er hat von 1016-1100 n.Chr. gelebt.

Das Phowa ist ein recht abenteuerlich klingendes Verfahren: Wenn ein Yogi dem Tode nahe ist, aber noch einige Dinge in seinem derzeitigen Leben erledigen will, gibt es die Möglichkeit, daß er sein Bewußtsein in den Leib eines gerade Verstorbenen überträgt und diesen Leib mithilfe von Lebenskraft wiederbelebt. Dann lebt anschließend das Bewußtsein dieses Yogis in dem wiederbelebten Körper des Verstorbenen.

Das ist vermutlich die extremste Form der Hypnose, die denkbar ist.


## VIII 4.  Besessenheit

Bei einer echten Besessenheit übt ein Geist eine Hypnose aus: Er weitet sein Bewußtsein auf einen Menschen aus und bestimmt zeitweise dessen Handlungen oder übernimmt dauerhaft dessen Körper. Echte Besessenheiten sind jedoch ausgesprochen selten, da es nur wenig Gründe für den Geist eines Toten gibt, einen Lebenden zu ergreifen und ihn lenken zu wollen – zudem müßte dieser Totengeist über eine hohe Konzentrationsfähigkeit und am besten auch noch über einige magische Grundkenntnisse verfügen.

Die Besessenheit hat Ähnlichkeit mit dem Phowa – allerdings nur in dem Punkt, daß beide male eine dauerhafte Lenkung eines Körpers durch ein fremdes Bewußtsein angestrebt wird.


## VIII 5.  Hypnose-Kampf

Den Hypnose-Kampf kann man zusammen mit einem Freund oder einer Freundin einmal als Spiel durchführen. Dabei sollten beide ungefähr gleich viel Erfahrungen mit magischen und spirituellen Dingen haben. Nach Möglichkeit sollte auch keiner der beiden deutlich dominanter als der andere sein.

Beide setzen sich in einem angenehmen Abstand voreinander hin und beginnen sich auf den anderen zu konzentrieren und ihn wortlos in einen Hypnose-Zustand zu versetzen. Dabei wird man oft merken, was sich der andere gerade vorstellt:

A hüllt B in seiner Vorstellung in ein schwarzes Tuch, um ihn einzuschläfern – also zerreißt B es imaginativ, sobald er es wahrgenommen hat.

Dann hat B die Idee, die Lebenskraft von A nach unten hin in die Erde fließen zu lassen – worauf hin A z.B. seine Aura durch eine imaginierte Rüstung verschließt.

Darauf hin geht A zum Gegenangriff über und läßt die Augen von B ganz schwer werden – woraufhin B gleißendes Licht in sich hineinruft und durch seine Augen nach außen strahlen läßt.

Als nächstes stellt sich B dann vor, A in der Erde versinken zu lassen – woraufhin sich A in einen Vogel oder Engel verwandelt.

Das läßt B nicht einfach so geschehen und stutzt dem Vogel die Flügel …

Bei diesem Hypnose-Kampf schweigen beide – die imaginierten Bilder des anderen kann man auch ohne Worte innerlich wahrnehmen.

Dieser freundschaftliche Hypnose-Kampf fördert in hohem Maße die Wahrnehmungsfähigkeit und die Kreativität der beiden Zauberlehrlinge, die diesen Versuch durchführen …

Derartige Willens- und Imaginations-Kämpfe finden sich in vielen Kulturen als Kämpfe zwischen zwei Zauberern, die oft zwei verschiedenen Religionen angehören. Die beiden bekanntesten Zauberer-Kämpfe sind vermutlich der zwischen dem tibetischen Yogi Milarepa und dem Bön-Priester sowie der Magie-Kampf zwischen dem Propheten Elias und den Ba'al-Priestern im Alten Testament.

Auf diese sehr pragmatische Weise fand man damals heraus, wessen System und vor allem wessen Gott der stärkere war … und wer demzufolge recht hatte …

Derartige Magier-Kämpfe finden sich auch des öfteren in Fantasy-Romanen, Comics, Filmen u.ä.: der Kampf der beiden Fakire in „Asterix im Morgenland", die Magier-Kämpfe in dem MCU-Film „Dr. Strange", der Kampf zwischen Meister Yoda und Count Dooku in „Star Wars", der Willenskampf zwischen Gandalf und Saruman in Isengard im „Herrn der Ringe" usw.

Das Motiv des Hypnotiseur-Magiers ist offenbar fest im kollektiven Unterbewußtsein verankert …

# VIII 6.   Bewußtseinsausweitung

Die Telepathie ist die Ausweitung des eigenen Bewußtseins auf andere Gegenstände oder Lebewesen – wie sollte das Bewußtsein sonst die telepathisch erworbenen Informationen erhalten haben? Da es keine physische Verbindung gibt, über die diese Informationen zu dem betreffenden Menschen gelangt sein können, können sie nur direkt durch das Bewußtsein erlangt worden sein.

Bei der Telekinese weitet sich das Bewußsein nicht nur auf einen Gegenstand oder einen anderen Menschen aus, sondern übernimmt diesen Gegenstand bzw. Körper vorübergehend und bewegt ihn so, wie das Bewußtsein den eigenen Körper bewegen kann. Hier ist die Ausweitung des Bewußtseins noch deutlicher zu sehen. Das, was telepathisch bewegt wird, ist vorübergehend zu einem „Zweit-Körper" für das Bewußtsein des Menschen geworden, der diese Telekinese ausübt.

Bei der Hypnose ist diese Bewußtseinsausdehnung nur für den Hypnotiseur deutlich zu spüren, der sein eigenes Bewußtsein auf den Hypnotisierten ausdehnt. Bei der Fernhypnose ist es hingegen auch für Außenstehende offenkundig, daß der Hypnotiseur die Kontrolle über den Körper des Hypnotisierten übernommen hat und folglich sein Bewußtsein auf den „Fernhypnotisierten" ausgedehnt haben muß. Interessant ist dabei, daß der auf die Ferne Hypnotisierte nicht in Reichweite oder Sichtweite ist, sondern etliche Kilometer entfernt sein kann – die Hypnose wird also nicht durch Worte oder Gesten bewirkt.

Es gibt auch eine Kombination von Hypnose und Telekinese bzw. eine Mischform von beidem. Dabei weitet der Hypnotiseur, den man hier auch „Magier" nennen könnte, sein Bewußtsein auf einen anderen Menschen aus und bewegt ihn von seinem Bewußtsein aus – der andere wird sozusagen durch den Hypnotiseur „ferngesteuert". Diese Methode wird vor allem in fortgeschrittenen magischen Kampftechniken verwendet.

Auf diese Weise kann der Magier einen anderen Menschen daran hindern, etwas Bestimmtes zu tun, wie z.B. auf den Magier zuzugehen. Der Magier kann einem anderen auch einen berührungslosen Stoß nur „per Bewußtsein" versetzen oder er kann den anderen z.B. auch dazu bringen, sich für einen Hund zu halten.

Diese „feindliche Übernahme" des Körpers eines anderen Menschen ist eine sehr weit fortgeschrittene Form der Hypnose, auch wenn das Grundprinzip der Ausdehnung des Bewußtseins des Hypnotiseurs auf den Hypnotisierten dasselbe ist wie bei der einfachen Hypnose.

# VIII 7.  Spiritus familiaris

Die Ausdehnung des Bewußtseins auf etwas außerhalb des eigenen Körpers findet sich auch noch bei einer weiteren magischen Technik: bei der Herstellung und Nutzung eines „Spiritus familiaris" oder „Hausgeist".

Zunächst einmal wird für diesen Geist ein materieller Körper hergestellt, der der zukünftigen Aufgabe dieses Geistes entspricht. Für einen allgemeinen Helfer und Beschützer kann man z.B. die Form einer Eule oder eines Hundes nehmen – je nachdem, ob einen die Kraft des Hundes oder die Weisheit der Eule wichtiger ist. Wenn man etwas Konkretes vorhat, sollte man die Mythen, die es zu der gewählten Form gibt, gründlich studieren, da sich letztlich die Symbolik und nicht die Absicht durchsetzt.

Dann wählt man eine Substanz, aus der diese Form hergestellt werden soll. Für die meisten Dinge eignet sich eine Sonnensymbolik. Dafür schmilzt man Bienenwachs in einem Topf, fügt gelben Lehm hinzu und mischt beides solange gründlich bis sich eine homogene Masse ergibt. Aus dieser Substanz formt man dann die Gestalt der Eule, des Hundes usw.

In diese Form wird, solange sie noch warm und weich ist, ein Loch gebohrt.

Dann kocht man einen dicken Absud („sehr starker, fast dickflüssiger Tee") aus Kamilleblüten und fügt einige Tropfen des homöopathischen Mittels Aurum chloratum C200 hinzu.

Wenn man eine Mond-Symbolik bevorzugt, nimmt man weißen Ton und weißes Wachs (Paraffin). Als Flüssigkeit benutzt man in diesem Fall z.B. einen Absud aus Mohn, zu dem man ein paar Tropfen Argument nitricum C200 hinzufügt.

Die Flüssigkeit, die aus dem Pflanzen-Absud und dem homöopathischen Mittel hergestellt worden ist, füllt man in das Loch in der Figur und fügt noch einige Tropfen des eigenen Blutes hinzu. Dann verschließt man die Öffnung dieses Loches fest mit einer Kugel aus dem Bienenwachs/Lehm-Gemisch bzw. bei der Verwendung der Mond-Symbolik aus dem Wachs/Ton-Gemisch.

Nach einigen Tagen wird Figur dann zum einen sehr hart und zum andren aber auch sehr elastisch, sodaß sie extrem stoßfest wird. Sie fühlt sich zudem sehr organisch an – fast wie Haut.

Nun erhält diese Figur einen Namen und wird mit weiterer Lebenskraft angefüllt. Dafür hält man sie in der linken Hand, hält die rechte Hand darüber und stellt sich vor, wie Lebenskraft aus der Hand in die Figur fließt – zunächst das Element Erde, dann Wasser, dann Luft, schließlich Feuer und am Ende Licht.

Man kann auch Sonnenlicht, Mondlicht, Menstruationsblut, Sperma u.ä. benutzen, um die Figur aufzuladen – das hängt von dem Stil des Magiers und von der Aufgabe des auf diese Weise erschaffenen Geistes ab. Die klassische Methode der Aufladung mit Lebenskraft ist die Benutzung des Blutes von geopferten Tieren.

Das Aufladen sollte man in der ersten Zeit regelmäßig wiederholen. Nach einiger Zeit stabilisiert sich dieser so erschaffene Geist jedoch, sodaß es ihm nicht schadet, wenn man ihn ein paar Tage nicht „füttert".

Diesen Geist kann man nun umherschicken und ihm Aufgaben geben: eine Information beschaffen, einen Gegenstand ins eigenen Leben bringen, ein Treffen arrangieren, einen erwünschten „Zufall" herbeiführen, einem anderen Menschen Schaden zufügen usw. Die Liste der möglichen Verwendungen eines solchen Geistes ist fast unbegrenzt.

Die Herstellung eines solchen Geistes hat jedoch auch einen großen Nachteil: Der Geist wird nach und nach immer eigenständiger und man kann ihn schließlich immer deutlicher spüren.

Je eigenständiger der Geist wird, desto mehr wird das Verhältnis zwischen Magier und Geist zu einer Form der Bewußtseinsspaltung: Der Geist ist ein Teil des Magiers, aber zugleich ist er auch eigenständig – und entwickelt, je älter er wird, eine immer größere Eigenständigkeit. Das kann schließlich dazu führen, daß der Geist eigenständig Lebenskraft an sich zu saugen beginnt – was nun überhaupt kein wünschenswerter Effekt ist.

Dieser Geist ist rein technisch gesehen ein abgespaltener Teil der Psyche und des Lebenskraftkörpers des Magiers, den dieser in die Figur gebannt hat. Das Verhältnis zwischen Magier und Geist ist dasselbe wie zwischen Magier und Medium – eine vollkommene Dominanz und Herrschaft … zumindest wird dies angestrebt.

Allerdings weitet der Hypnotiseur sein Bewußtsein auf den Hypnotisierten außerhalb von sich aus, während der Magier einen Teil von sich abspaltet und zu einem eigenständigen Geist formt. Im Extremfall destabilisiert der Magier dadurch seine eigene Psyche.

Auch diese Technik ist aus der Fantasy-Literatur gut bekannt: In der „Harry-Potter"-Reihe erscheint sie in der Form der Horcruxe.

Derartige Geister entstehen bisweilen auch ungewollt – insbesondere in der Pubertät von Jugendlichen. Sie werden dann zu Poltergeistern, die einigen Lärm veranstalten und ab und zu auch mal sprechen oder Dinge bewegen können, aber die sich dann nach einer Weile aber auch wieder auflösen.

Ein Poltergeist ist jedoch nicht ganz so dramatisch wie man vielleicht meinen könnte – im Haus meiner Eltern hatten wir mal ein halbes Jahr lang einen solchen Poltergeist und haben uns recht schnell an ihn gewöhnt. Er hatte dann eine ähnliche Position wie ein Haustier. In dem Schloß in dem Dorf, in dem ich heute wohne, hat es auch einige Jahre lang gleich mehrere, allerdings schon ziemlich alte Poltergeister gegeben. Es ist mir zum Glück zusammen mit einer Freundin gelungen, diese Schloßgeister zu beruhigen und ins Jenseits zu begleiten, sodaß es in dem Schloß jetzt friedlich ist.

Ein Spiritus familiaris ist, wenn man ihn einmal rein technisch betrachtet, ein willentlich hergestellter Poltergeist.

Wenn einem der Spiritus familiaris, den man selber hergestellt hat, zu stark oder zu eigenständig geworden ist oder man ihn aus sonst einem Grund wieder loswerden möchten, muß man ihn auflösen. Dafür entzieht man ihm die Lebenskraft, verbrennt einen Zettel mit seinem Namen und zerstört die Figur. Das ist nicht so einfach, wie es zunächst einmal klingt – dieser Vorgang fühlt sich an, als ob man ein liebgewonnenes Haustier ermorden würde …

Vermutlich wäre es sinnvoller, den Spiritus familiaris wieder in die eigene Psyche zu integrieren – aber auf diesen Gedanken bin ich damals nicht gekommen und heute habe ich keinerlei Bedürfnis mehr, einen solchen Geist herzustellen, sodaß ich nicht überprüfen kann, wie sich eine solche Re-Integrierung eines Spiritus familiaris in die eigene Psyche anfühlt.

Wenn ein solcher Geist stark genug geworden ist, könnte es auch sein, daß er sich telepathisch und telekinetisch gegen seine Zerstörung wehrt – das habe ich mit geweihten magischen Ringen auf ziemlich heftige Weise erlebt. Das Repertoire der Gegenwehr dieser „mit Lebenskraft aufgeladenen Gegenstände" reicht von Autounfällen über bei Windstille umstürzenden Bäumen bis zu Gegenständen, die mehrfach zu mir zurückgekehrt sind, nachdem ich sie fortgeworfen hatte.

Diesen Effekt kann man auch im „Herrn der Ringe" nachlesen, wo er im Zusammenhang mit dem Versuch, den „Einen Ring" zu zerstören, geschildert wird.

## VIII 8.   Ein Levitations-Experiment

Es gibt einen einfachen Levitations-Versuch, also „Schwebe-Versuch". Dazu benötigt man fünf Personen.

Einer setzt sich auf einen Stuhl, die anderen vier stehen um ihn herum. Die vier Personen halten ihre Hände waagerecht mit den Handinnenflächen nach unten nebeneinander, ballen die Finger zu zwei Fäusten und strecken dann nur die beiden Zeigefinger nach vorne, die sich dabei auf der ganzen Länge berühren.

Dann stecken die vier stehenden Personen ihre Zeigefinger unter die beiden Achseln und unter die beiden Kniekehlen des Sitzenden und versuchen ihn hochzuheben – was mit großer Wahrscheinlichkeit nicht gelingen wird.

Als nächstes legen die vier Stehenden ihre Hände übereinander auf den Kopf des Sitzenden und singen zusammen einen Ton – einfach ein „a" auf einer beliebigen Tonhöhe.

Nun wird das Heben des Sitzenden mithilfe der Zeigefinger wiederholt – was nun mühelos gelingt, da der Sitzende kein Gewicht mehr zu haben scheint.

Bei diesem Versuch dehnen die vier Stehenden durch das Legen ihrer Hände auf den Kopf des Sitzenden und durch das Singen das eigene Bewußtsein auf den Sitzenden aus und können ihn dann hochheben – so wie sie ihren eigenen Körper bewegen könnten.

## VIII 9.   Der „Hepp-Versuch"

Der „Hepp-Versuch" funktioniert ähnlich wie der Levitations-Versuch.

Person A legt sich mit dem Bauch auf die Erde und legt ihre Arme neben ihren Körper oder neben ihren Kopf. Person B legt sich mit ihrem Bauch quer über die Waden von Person A. Beide Personen zusammen sehen nun ungefähr wie ein „T" aus.

Person A versucht nun, Person B mit ihren Beinen hochzuheben – was in aller Regel nicht gelingen wird. Dabei sollte Person A auf ihre Beinen achten und sich nicht durch eine verbissene Überanstrengung eine Muskelzerrung zuziehen.

Dann stellt sich Person A vor, daß von ihrem Kopf bis in ihre Füße ein weißer Lichtstrahl fließt, der sich in ihrem Gesäß in zwei Strahlen aufteilt. Dann stellt sich Person A vor, daß Person B nur ein kleines Kissen ist, das leicht wie ein Federwölkchen ist. Nun sagt Person A innerlich „Hepp!" und hebt dabei Person B mit ihren Waden hoch – und Person B wird aller Wahrscheinlichkeit nach mit einigem Schwung über den Rücken von Person A kullern …

Auch hier hat Person A ihr Bewußtsein auf Person B ausgedehnt, indem sie „definiert" hat, daß Person B nur noch das Gewicht eines kleinen Kissens hat. Offenbar verändert die „Definition" der Eigenschaften von Person B durch Person A tatsächlich vorübergehend die Eigenschaften von Person B.

Das Ausdehnen des Bewußtseins, das der Hypnotiseur für die Herstellung des Hypnosezustandes bei seinem Gegenüber verwendet, hat offenbar sehr weitreichende Auswirkungen – und ist ein zentrales Element bei jeder Form der Magie.

## VIII 10.   Eine Shaolin-Übung

Die Shaolin-Mönche haben die Möglichkeiten des Körpers und des Bewußtseins sehr gründlich erforscht, um daraus eine waffenlose Kunst der Selbstverteidigung zu entwickeln. Daher können sie viele erstaunliche Dinge tun, die man normalerweise für unmöglich halten würde.

Ein einfaches Beispiel ist dafür der folgende Versuch, für den man drei Personen braucht:

Person A legt ihre zur Faust geballte Hand auf ein Podest, das ihr ungefähr bis zur Hüfte reicht – das kann eine dicker Zaunpfahl, eine Mauer, ein Fels o.ä. sein.

Die beiden anderen Personen halten nun die Hand von Person A fest. Person A versucht nun mit aller Kraft, von dem Podest vorzugehen, was ihr jedoch nicht gelingen wird, da die beiden anderen Personen ihren Arm festhalten.

Nun hält Person A inne, entspannt sich, hält ihre freie Hand auf Augenhöhe vor sich und blickt in ihre Handfläche – und geht einfach los und zieht die Personen, die ihre Hand festhalten, einfach hinter sich her.

Hier hat Person A wie bei dem „Hepp-Versuch" die Situation definiert – oder anders gesagt: Sie hat ihr Bewußtsein auf die anderen Personen ausgeweitet.

Person A blickt in ihre Hand, d.h. sie sieht nicht mehr, daß die beiden anderen Personen sie festhalten bzw. achtet einfach nicht mehr auf die beiden, sondern ist ganz bei ihrem Entschluß fortzugehen – und geht einfach fort, weil sie die Situation so definiert hat. Person A hat also ihr Bewußtsein auf die gesamte Situation ausgedehnt und kann die Situation daher definieren und folglich so handeln, wie sie es gerade will.

Rein technisch gesehen, ist das, was der Shaolin-Mönch da tut, eine wortlose Gruppen-Hypnose.

# IX   Ein Hypnose-Modell

Die Hypnose und die Fernhypnose sowie die Telepathie und die Telekinese und auch ein Großteil der verschiedenen magischen Phänomenen lassen sich am einfachsten erklären, wenn man davon ausgeht, daß das Bewußtsein nicht auf den Körper beschränkt ist.

Es gibt verschiedene Formen der Bewußtseinsübertragung: beim Heilen, beim Weihen von Gegenständen, beim Feng-Shui, bei Einweihungen von Menschen, beim Herstellen von Hausgeistern, in der Kampfmagie usw. Diese verschiedenen Formen der Bewußtseinsübertragung bzw. Bewußtseinsausweitung zeigen, daß das Bewußtsein, wenn es sich auf einen anderen Gegenstand oder Körper ausgedehnt hat, in der Lage ist, diesen Körper so zu bewegen als wenn es der eigene Körper wäre, und z.T. sogar die Eigenschaften des „übernommenen Körpers" wie z.B. dessen Gewicht zu definieren.

In dem im Folgenden dargestellten Hypnose-Modell, das zugleich ein allgemeines Magie-Modell ist, gibt es vier Arten von Wechselwirkung:

- Körper wirkt auf Körper            => kausale Wirkung
- Körper wirkt auf Bewußtsein        => Wahrnehmung, Reaktion
- Bewußtsein wirkt auf Körper        => Lenkung, Entschluß
- Bewußtsein wirkt auf Bewußtsein    => magische Wirkung

Diese vier Wechselwirkungen lassen sich wie folgt in einem Diagramm darstellen:

| Wechselwirkungen | | |
|:---:|:---:|:---:|
| *Person 1* | | *Person 2* |
| | | |
| Bewußtsein | ↔ | Bewußtsein |
| ↕ | | ↕ |
| Körper | ↔ | Körper |

Bei der Hypnose weitet der Hypnotiseur sein Bewußtsein auf den Hypnotisierten aus. In der eben dargestellten Graphik sieht das wie folgt aus:

| Wechselwirkungen | | |
|---|---|---|
| **Hypnotiseur** | | **Hypnotisierter** |
| | | |
| Bewußtsein | → → → | Bewußtsein |
| | | |
| Körper | | Körper |

Wenn der Hypnotiseur dem Hypnotisierten einen Befehl erteilt (bei der Fernhypnose telepathisch) oder ganz die Lenkung des Körpers eines anderen übernimmt wie z.B. bei der Kampfmagie, dann weitet der Hypnotiseur seinen Einfluß auch auf den Körper des Hypnotisierten aus – er übernimmt vorübergehend den Körper des anderen:

| Wechselwirkungen | | |
|---|---|---|
| **Hypnotiseur** | | **Hypnotisierter** |
| | | |
| Bewußtsein | → → → | Bewußtsein |
| | | ↓ ↓ ↓ |
| Körper | | Körper |

Die Graphik für die Herstellung eines Spiritus familiaris sieht genauso aus: Der Magier überträgt einen Teil seines Bewußtseins (und seiner Lebenskraft) auf die aus Wachs und Lehm erschaffene Form.

- - -

**Viel Erfolg und viel Umsichtigkeit bei Ihren Hypnose-Experimenten!**

# Bücher von Harry Eilenstein

## Astrologie

- Astrologie (496 S.)
- Photo-Astrologie (428 S.)
- Die astrologischen Aspekte (88 S.)
- Horoskop und Seele (120 S.)

## Magie

- Handbuch für Zauberlehrlinge (408 S.)
- Telepathie für Anfänger (60 S.)
- Telepathie für Fortgeschrittene (52 S.)
- Telekinese für Anfänger (52 S.)
- Lebenskraft für Anfänger (60 S.)
- Hypnose für Anfänger (52 S.)
- Tarot (104 S.)
- Physik und Magie (184 S.)
- Die Magie-Formel (156 S.)
- Krafttiere – Tiergöttinnen – Tiertänze (112 S.)
- Schwitzhütten (524 S.)

## Meditation

- Der Lebenskraftkörper (230 S.)
- Die Chakren (100 S.)
- Das Chakren-System mit den Nebenchakren (296 S.)
- Meditation (140 S.)
- Drachenfeuer (124 S.)
- Reinkarnation (156 S.)
- einsgerichtet (140 S.)

## Kabbala

- Kursus der praktischen Kabbala (150 S.)
- Eltern der Erde (450 S.)
- Blüten des Lebensbaumes:
    - Die Struktur des kabbalistischen Lebensbaumes (370 S.)
    - Der kabbalistische Lebensbaum als Forschungshilfsmittel (580 S.)
    - Der kabbalistische Lebensbaum als spirituelle Landkarte (520 S.)

## Religion allgemein

- Muttergöttin und Schamanen (168 S.)
- Göbekli Tepe (472 S.)
- Totempfähle (440 S.)
- Christus (60 S.)
- Dakini (80 S.)
- Vajra (76 S.)

## Ägypten

- Hathor und Re 1: Götter und Mythen im Alten Ägypten (432 S.)
- Hathor und Re 2: Die altägyptische Religion – Ursprünge, Kult und Magie (396 S.)
- Isis (508 S.)

## Indogermanen

- Die Entwicklung der indogermanischen Religionen (700 S.)
- Wurzeln und Zweige der indogermanischen Religion (224 S.)

## Germanen

- Die Götter der Germanen (87 Bände)
- Odin (300 S.)

## Kelten

- Cernunnos (690 S.)
- Der Kessel von Gundestrup (220 S.)
- Der Chiemsee-Kessel (76)

## Psychologie

- Über die Freude (100 S.)
- Das Geheimnis des inneren Friedens (252 S.)
- Das Beziehungsmandala (52 S.)
- Gefühle und ihre Verwandlungen (404 S.)
- einsgerichtet (140 S.)
- Liebe und Eigenständigkeit (216 S.)
- Von innerer Fülle zu äußerem Gedeihen (52 S.)
- Die Symbolik der Krankheiten (76 S.)

## Kunst

- Herz des Tanzes – Tanz des Herzens (160 S.)

## Drama

- König Athelstan (104 S.)

## Die Themen der 87 Bände der Reihe „Die Götter der Germanen"